基于介电谱测试的牵引变压器绝缘状态评估技术及应用

周利军　王东阳　廖　维　蔡君懿　著

科学出版社

北京

内 容 简 介

　　本书较系统地介绍基于频域介电谱的牵引变压器绝缘状态评估技术。全书共5章，主要内容包括：分析牵引变压器绝缘劣化、状态评估方法和频域介电谱现状；建立牵引变压器频域介电响应测试解析模型并分析载流子浓度分布特征；提出消除时变温度对频域介电谱测试影响及结果归算至参考温度的方法；提出基于频域介电谱的牵引变压器绝缘状态评估方法；针对牵引变压器本体及附属高压套管进行应用案例分析。

　　本书适用于轨道交通牵引供电专业科研人员和技术人员，本书对各类职业院校相关师生的学习也有重要的参考价值。

图书在版编目(CIP)数据

　　基于介电谱测试的牵引变压器绝缘状态评估技术及应用 / 周利军等著.—北京:科学出版社, 2022.10
　　ISBN 978-7-03-071152-6

　　Ⅰ.①基… Ⅱ.①周… Ⅲ.①高速铁路–牵引变压器–绝缘检测
Ⅳ.①U264.3

　　中国版本图书馆 CIP 数据核字 (2021) 第 276318 号

责任编辑：华宗琪 / 责任校对：王莉莉
责任印制：罗　科 / 封面设计：义和文创

科 学 出 版 社 出版
北京东黄城根北街16号
邮政编码：100717
http://www.sciencep.com

四川煤田地质制图印刷厂印刷
科学出版社发行　各地新华书店经销

*

2022 年 10 月第　一　版　　开本：B5 (720×1000)
2022 年 10 月第一次印刷　　印张：7 3/4
字数：156 000
定价：79.00 元
(如有印装质量问题,我社负责调换)

前　言

随着我国交通行业的大力发展，作为国家重要基础设施的电气化铁路，在绿色节能、经济环保和运输效率上表现出独特优势，其对于城市乃至整个国家的发展是十分关键的。因此，保障电气化铁路各环节连接的稳定性及设备的安全性，巩固电气化铁路在国家交通体系重中之重的地位，对于建设资源节约型、环境友好型社会以及联系国内外各大区域的经济、政治、文化具有极其重大的意义。

牵引变压器作为电气化铁路中的重要一环，其安全稳定的运行是电气化铁路正常运作的保障，尤其是牵引变压器存在的绝缘问题对其整体性能会产生较大影响，因此需要更为准确且有效的技术方法实现牵引变压器绝缘状态的评估。鉴于目前牵引变压器绝缘状态评估技术的发展现状，应结合牵引变压器的特点，综合借鉴传统及现代的绝缘状态评估技术，通过多个维度进行系统、细致地绝缘评估方法研究。

本书第 1 章从牵引变压器的结构、接线方式、绝缘材料劣化分析以及绝缘状态评估方法等方面展开详细阐述；第 2 章介绍牵引变压器绝缘系统介电响应模型；第 3 章阐述温度对牵引变压器频域介电谱的影响；第 4 章介绍基于频域介电谱的牵引变压器绝缘状态评估；第 5 章通过现场案例及应用验证了牵引变压器绝缘评估技术的有效性。本书在结构上将绝缘系统介电响应模型搭建与验证分析、各参数对牵引变压器频域介电谱的影响分析、试验测试与规律分析以及后续的系统软件开发层层推进，全书力求做到通俗易懂并结合实际，使从事电力设备状态评估方面的技术人员从中获益。

本书撰写工作得到了张俊、江飞明、张玉琳等同志的大力支持与帮助，在此表示衷心的感谢。

由于作者水平有限，书中存在不妥之处在所难免，恳请读者批评指正。

目　　录

第1章 概　　述

1.1　电气化铁路与牵引供电系统

电气化铁路是国家重要的交通基础设施，也是资源节约型和环境友好型的运输方式之一，具有经济便民、全天候运输、运能大、节能减排、高效等特点，在我国综合交通体系中处于骨干地位，加快电气化铁路的发展已经成为社会各方面的共识。一方面，我国已有和正在规划、建设的国内和国际铁路运输通道对于资源、物资的输入与输出，具有重要的经济意义；另一方面，电气化铁路是强化控制和保护领土的最有效的工具之一，其地缘政治战略和国防安全作用毋庸置疑；电气化铁路网是连接各大经济区域之间的大动脉，对建设资源节约型、环境友好型社会和国民经济可持续发展具有重要的政治、军事和经济意义[1,2]。

从1952年7月1日我国第一条电气化铁路(宝成铁路线,宝鸡至凤州段)开始修建，截至2020年7月中国电气化铁路总里程已经累计突破100000km，电气化率达71.9%，位居世界第一。我国拥有规模庞大的铁路网络，自2007年实施了第六次全国铁路大提速，铁路基础设施的改善为城市服务业创造了良好的发展环境。同时作为中国对外的一张名片，中国高速铁路在路网建设、科技创新、产业化能力等方面取得了巨大的成就。中国已开通运营高速铁路里程位居全球第一，超过世界其他国家高速铁路运营里程的总和。中国高速铁路以"八纵八横"为骨架的网络基本成型，这是世界上规模最大的高速铁路网络，连通覆盖了中国大陆除西藏外的所有省、自治区、直辖市和香港特别行政区。我国高速铁路网络覆盖将进一步扩大，路网结构将更加优化，骨干作用将更加显著，将更好地发挥铁路对经济社会发展的保障作用[3,4]。

电气化铁路运营的核心保障是牵引供电系统的安全可靠运行，牵引供电系统由牵引变电所、馈电线、接触网、轨道回流线、钢轨等组成[5]，电气化铁路牵引供电系统如图1-1所示。

发电厂或电网输入的电能通过牵引变电所的牵引变压器转换成适合电力机车牵引要求的电能，通过馈电线送到接触网，电动车组受电弓和接触网的滑动接触，牵引电能由接触网进入电力动车组单元驱使牵引列车运行，轨道完成导通回流，通过轨道回流线把导轨中的回路电流导入牵引变电所的牵引变压器。牵引变压器作为牵引供电系统的核心设备，其独特的负载特性，需要更加准确地掌握变压器的绝缘状况，维护和保证其良好的电气和机械性能，减少事故发生[6,7]。因此，对牵引变压器绝缘状态评估开展研究，对绝缘状况和故障信息进行诊断，掌握牵引变压器的运行状态，制定科学、合理的运行、维护以及更新计划，对提高牵引变压器的可用率和整个电气化铁路的可靠性而言，都具有重大意义。

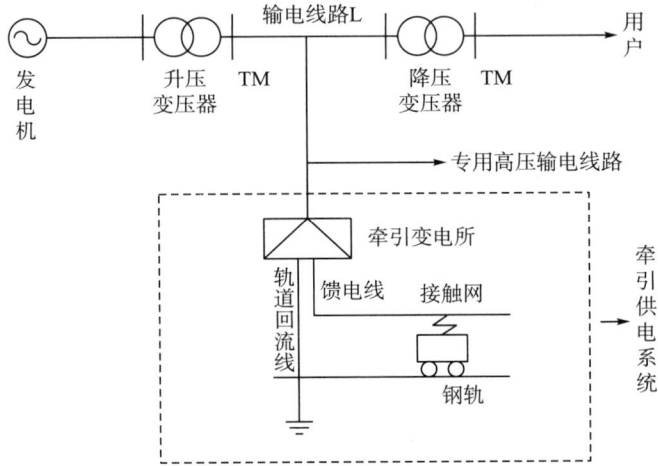

图 1-1　电气化铁路牵引供电系统

1.2　牵引变压器结构及接线方式

1.2.1　牵引变压器主要部件及作用

牵引变压器是牵引供电系统的核心设备，主要完成降压和传递能量的作用。将三相电转换成两相电(两供电臂)为电力机车提供电能，同时牵引变压器具有负载率高、负载波动大(甚至会出现单相负载情况)和谐波含量高等负载特性。牵引变压器主要为油浸式变压器，整体结构如图 1-2 所示，绕组实物图如图 1-3 所示，它主要由铁心、绕组、油箱、高压套管、油枕、防爆管(压力释放器)、净油器、散热器、呼吸器、温度计(散热风机及控制回路、温度量/电量转换装置)、瓦斯继电器(气体采集器)、油位表、变压器油、分接开关(有载调压装置)等组成[8,9]。牵引变压器各主要部件及其作用如下。

(1)铁心：是牵引变压器最基本的组成部分之一，由硅钢片叠装而成，牵引变压器的一、二次绕组都绕在铁心上。铁心必须单点接地，其接地引出线通过瓷套管从变压器上部引出，在油箱外接地。

(2)绕组：用铜线或铝线绕成圆筒形的多层线圈，分一次侧绕组和二次侧绕组，其都绕在铁心上，导线外边用纸或沙包绝缘。通过改变一次侧绕组和二次侧绕组的匝数达到转换电压的目的。

（3）油箱：是牵引变压器的外壳，内部充满变压器油，铁心与绕组浸在变压器油内。变压器油的作用是绝缘与散热。

（4）高压套管：牵引变压器各侧引线必须使用绝缘套管，为了线圈的引出线从油箱内引到油箱外，使带电的引线穿过油箱时与接地的油箱绝缘。高压套管的作用是绝缘和支撑。

（5）油枕：牵引变压器油因温度的变化会发生热胀冷缩的现象，油面也会因温度的变化而上升和下降。油枕的作用是储油和补油，保证油箱内充满油，同时油枕缩小了变压器与空气的接触面，减慢了油的劣化速度。油枕侧面的油位表还可以监视油的变化。

（6）呼吸器：油枕内空气随变压器油体积的膨胀或缩小，排出或吸入的空气都经过呼吸器。呼吸器内装有干燥剂(硅胶)来吸收空气中的水分，过滤空气，从而保持油的清洁。

（7）防爆管：装于牵引变压器顶盖上，管口用薄膜封住。当牵引变压器内部发生故障时，油箱内温度升高，产生大量气体，压力也随之增大，油和气体便冲破防爆管口薄膜向外喷出，防止牵引变压器油箱爆炸或变形。

（8）散热器：当牵引变压器上层油温和下层油温产生温差时，通过散热器形成油的对流，经散热器冷却后，流回油箱以降低牵引变压器的温度。为提高冷却效果可采用风冷、强迫油循环风冷、强迫油循环水冷等措施。

（9）瓦斯继电器：装在油箱与油枕的连接管上。当牵引变压器内部发生严重故障时，接通跳闸回路；当牵引变压器内部无严重故障时，接通信号回路。

（10）温度计：用来测量油箱内上层油温，监视牵引变压器是否正常运行。

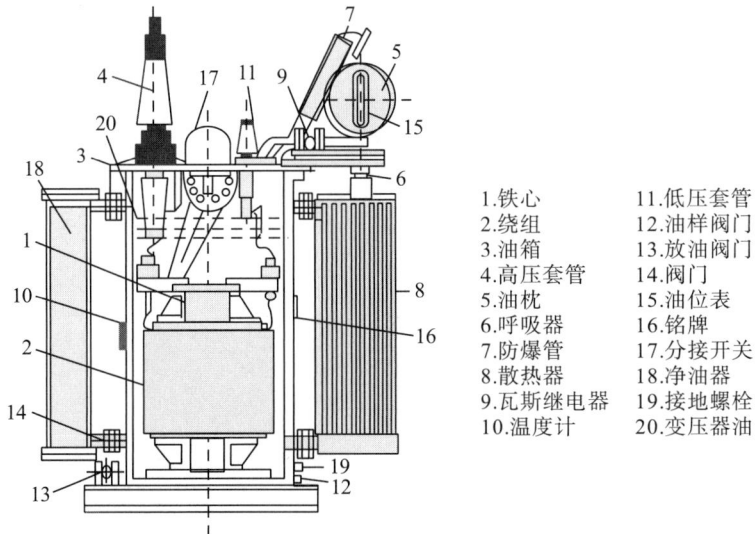

1.铁心　　　　11.低压套管
2.绕组　　　　12.油样阀门
3.油箱　　　　13.放油阀门
4.高压套管　　14.阀门
5.油枕　　　　15.油位表
6.呼吸器　　　16.铭牌
7.防爆管　　　17.分接开关
8.散热器　　　18.净油器
9.瓦斯继电器　19.接地螺栓
10.温度计　　　20.变压器油

图 1-2　牵引变压器整体结构

图 1-3　牵引变压器绕组实物图

1.2.2　接线方式

电气化铁路中牵引负荷为单相负荷，因此需要牵引变压器通过电磁感应原理将电力系统的三相电转变为单相电以供电力机车使用。电气化铁路中的供电方式主要包括直接供电方式、吸流变压器-回流线方式（BT 方式）与自耦变压器方式（AT 方式）三种，直接供电方式和 BT 方式基本采用三相 YNd11 接线方式（图 1-4），也可采用单相 V/v 接线方式（图 1-5），AT 方式主要采用三相变两相的斯科特（Scott）接线方式（图 1-6）与 V/x 接线方式（图 1-7）[5]。

1. 三相 YNd11 接线方式

三相 YNd11 接线方式（图 1-4）中，牵引变压器的高压侧通过引入线按规定次序接到 110kV 或 220kV 三相电力系统的高压传输线上。变压器低压侧的一个角与轨道回流线连接，另外两个角分别连在母线上。由两相牵引母线分别向两侧对应的供电臂供电，两臂电压的相位差为 60°。

设次边两负荷相等，以 $\dot{i}_a$ 为基准量，即 $\dot{i}_a = I \angle 0°$，得到原边、次边电流关系如下：

$$\dot{i}_{ac} = \frac{2}{3}\dot{i}_a - \frac{1}{3}\dot{i}_b \tag{1-1}$$

$$\dot{i}_{bc} = \frac{1}{3}\dot{i}_a + \frac{2}{3}\dot{i}_b \tag{1-2}$$

$$\dot{i}_{ba} = \frac{1}{3}\dot{i}_a - \frac{1}{3}\dot{i}_b \tag{1-3}$$

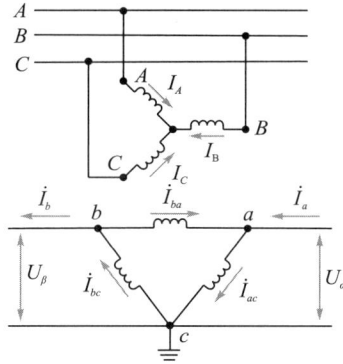

图 1-4　三相 YNd11 接线方式

2. 单相 V/v 接线方式

将两台单相变压器以 V 的方式与三相电力系统连接，具体接线：一台变压器的原边一端接 A 相，另一端接 B 相；另一台变压器的原边一端接 C 相，另一端接 B 相，如图 1-5 所示。

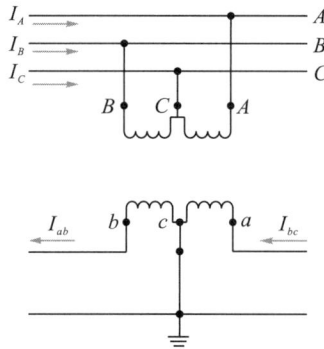

图 1-5　单相 V/v 接线方式

设变比为 K，则原边、次边电流关系如下：

$$\dot{I}_A = \frac{1}{K}\dot{I}_{ab} \tag{1-4}$$

$$\dot{I}_B = \frac{1}{K}\left(-\dot{I}_{ab} + \dot{I}_{bc}\right) \tag{1-5}$$

$$\dot{I}_C = -\frac{1}{K}\dot{I}_{bc} \tag{1-6}$$

3. Scott 接线方式

Scott 接线方式可以采用单铁心结构，也可以采用双铁心结构，其接线如图 1-6 所示。

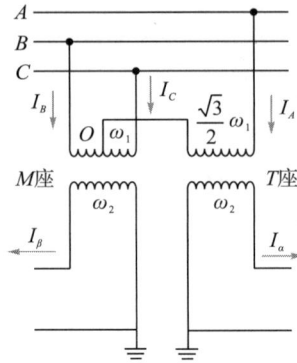

图 1-6　Scott 接线方式

原边电流关系如下：

$$\dot{I}_A + \dot{I}_B + \dot{I}_C = 0 \tag{1-7}$$

当次边两相牵引负荷电流相等且两供电臂功率因数相等时，以 $\dot{I}_\beta$ 为参考相量，即 $\dot{I}_\beta = I\angle 0°$，$\dot{I}_\alpha = I\angle 90°$，设 $\dfrac{\omega_1}{\omega_2} = K$，则得到

$$\dot{I}_A = \frac{2I}{\sqrt{3}K} \angle -30° \tag{1-8}$$

$$\dot{I}_B = \frac{2I}{\sqrt{3}K} \angle -150° \tag{1-9}$$

$$\dot{I}_C = \frac{2I}{\sqrt{3}K} \angle 90° \tag{1-10}$$

4. V/x 接线方式

V/x 接线牵引变压器是三绕组变压器，每相有两个次边绕组，次边绕组的匝数是 V/v 接线牵引变压器的 2 倍，如图 1-7 所示。

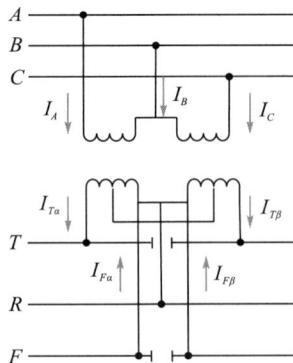

图 1-7　V/x 接线方式

当负荷为 i_{cb} 时，$K = U_N / U$，变换到原边的三相电流为

$$i_A = 0 \tag{1-11}$$

$$i_B = \frac{1}{K} i_{cb} \tag{1-12}$$

$$i_C = -\frac{1}{K} i_{cb} \tag{1-13}$$

1.3　牵引变压器绝缘系统及其劣化分析

1.3.1　牵引变压器绝缘系统组成

1. 牵引变压器绝缘材料

牵引变压器采用油纸式绝缘系统，材料主要为变压器油和绝缘纸[10,11]。

(1)变压器油：在石油提炼过程中经过精制和添加适当稳定剂而制成。它的主要成分中碳氢化合物占 95%以上，其中以环烷烃、烷烃和芳香烃为主，其余为非烃化合物。经过充分净化过滤并考虑实际应用的变压器油的击穿场强可以达到 200～250kV/cm。变压器油中的杂质如水分、气体、纤维和金属颗粒等会引起变压器油中电场发生畸变，造成局部电场增强，引起油中放电击穿，或者形成杂质"小桥"，产生放电通道，因此变压器油必须经过干燥过滤和杂质处理才能填充至油箱中。

(2)绝缘纸：由未经漂白的硫酸盐纤维素经造纸而成，主要由 β-D 吡喃型葡萄糖基以 β-1,4 糖苷键连接而成的高分子聚合物纤维素组成。纤维素($C_6H_{10}O_5$)分子结构呈链状，含有羟基、耐油和不溶。其宏观结构呈管状，纤维之间呈多孔状，因此具有透气性、吸水性和吸油性；击穿电场强度、机械强度和耐热性均不高。但干燥浸渍变压器油后，电气性能非常好。绝缘纸的一个缺点是易被污染，从而电气性能将大为下降，因此要求绝缘纸在生产过程中严格控制杂质进入纸中。绝缘纸极易吸收水分，在一般的大气条件下，其水分含量为 6%～9%(本书指质量分数)。使用时尽可能去除其中的水分，一般控制在 0.5%以下。

2. 牵引变压器绝缘系统

变压器主绝缘结构由一系列纸筒隔板、油隙及对纸筒隔板起支撑作用的撑条构成，如图 1-8 所示。为了分析方便，常将主绝缘结构进行简化，将所有纸筒隔板、油隙和撑条集成得到如图 1-9 所示的变压器主绝缘结构简化二维 XY 模型[12]。其中 X 为纸筒隔板总厚度与高低压绕组主绝缘厚度之比，Y 为撑条总厚度与高低压绕组主绝缘平均周长之比。

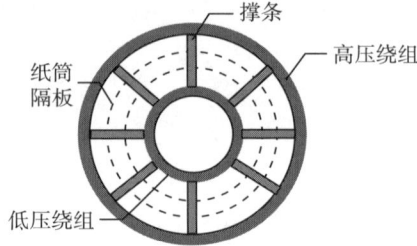

图 1-8 双绕组变压器主绝缘结构图

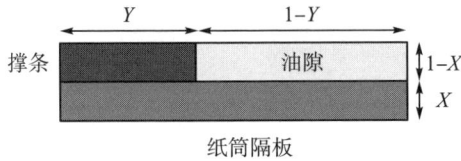

图 1-9 变压器主绝缘结构简化二维 XY 模型

不同的变压器由于结构设计上的差异，X、Y 的取值也有所不同，其取值如下：

$$\begin{cases} X = N_1 d / D \\ Y = 2N_2 l / (L_1 + L_2) \end{cases} \tag{1-14}$$

式中，N_1、N_2 分别为高低压绕组间的纸筒隔板数量、高低压绕组间撑条的数量；d 为单个纸筒隔板厚度；D 为绕组间距离；l 为单个撑条的厚度；L_1、L_2 分别为高低压绕组内径周长。

1.3.2 牵引变压器绝缘材料劣化分析

牵引变压器绝缘材料在运行过程中的劣化主要包括以下三种形式[13,14]：

1. 热老化

牵引变压器的绝缘材料在温度过高时会加速氧化裂解，绝缘纸纤维素分子链中的 β-1，4 糖苷键断裂，生成羟酸、碳氧化物、呋喃类化合物等产物，而生成的产物在高温环境下又会进一步加速绝缘材料老化、裂化的进程，从而形成恶性循环，导致绝缘材料变脆、聚合度降低、变压器寿命缩短，直至绝缘材料电气性能和力学性能全面恶化。新的绝缘纸聚合度一般在 1100 左右，当这一数值降至 250 左右时，绝缘纸的张力将突降；而当该值降至 150 时，绝缘纸将彻底丧失机械强度。

2. 电老化

牵引变压器因制作工艺内部会存在毛刺或气隙，而工作在高电压等级下，毛刺或气隙部位容易产生局部放电，矿物油的介电常数比绝缘纸要大，因此油隙上的电场强度比较高，易发生局部放电。局部放电会引起绝缘材料中化学键的分离、裂解和分子结构的破坏，放电产生的热效应会促进绝缘材料热解和氧化分解，增大绝缘材料的电导和损耗，产生恶性循环，加速介质老化进程，放电过程中产生的 H_2、CH_4、C_2H_2 等，会在绝缘层中形成气隙和气泡，进而加剧局部放电。

3. 机械老化

牵引变压器在运行过程中负荷是时刻变化的，变压器承受着正常运行时变化的机械应力，当变压器发生短路时，会产生巨大的短路电流，绕组承受的电动力和电流的平方成正比，因此绕组、铁心、引线等部件会承受很大的机械力，易引起绕组、引线变形，造成绝缘结构损坏等。变压器工作时会产生机械振动，当绝缘材料疲劳时，易产生裂纹，这会诱发电树枝形成，使绝缘材料进一步劣化。

上述三种影响牵引变压器的绝缘状态和剩余寿命的因素中，热老化是绝缘材料劣化最主要的原因。

1.3.3　牵引负荷对绝缘系统劣化的影响

电力机车在运行过程中状态并不确定，牵引变压器承担的负荷具有以下几个非常明显的特征[15,16]。

1. 冲击性

首先电力机车在运行过程中，其对电能的需求随电力机车的运行状态(启动、上下坡、制动等)不同而有明显变化，因此牵引负荷本身为一种幅值变化很大且陡度很大的负荷。除此之外，正常情况下电气化铁路是按照运行图运行的，牵引变压器在一天当中并不是时时刻刻都承担着牵引负荷，其在一天之中的平均负载率非常低，不承担牵引负荷时均是无载或轻载运行的(小于牵引变压器额定容量的30%)，而当需要承担牵引负荷时，短期负荷最高可达牵引变压器额定容量的 3 倍左右，因此实际工程中牵引变压器的牵引负荷过负荷现象非常严重。某牵引变电站变压器 24h 负载变化图如图 1-10 所示。

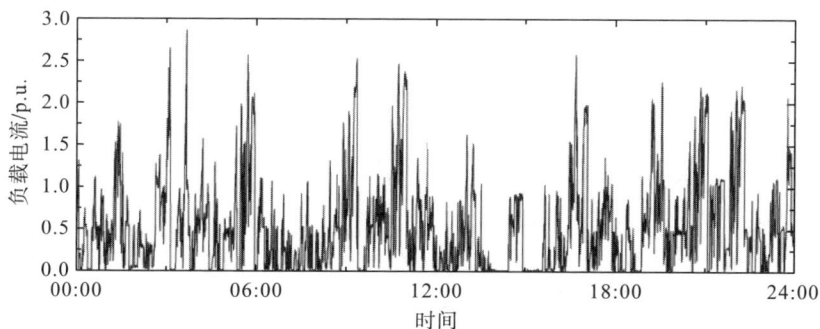

图 1-10　牵引变电站变压器 24h 负载变化图

2. 不平衡性

牵引负荷为单相负荷，牵引变压器通过前面所述的特殊接线方式把电力系统三相电转变为单相电，但特殊的接线方式会使牵引变压器各绕组中的电流分配总是不相同的，因此就各绕组而言牵引负荷具有不平衡性。

3. 非线性

现有的电力机车主要为整流型机车，即电力机车上牵引电机所用的直流电是交流电经全波整流得到的，而电力机车正常运行时牵引电流的波形通常介于方波与三角波之间，普速列车含有明显的谐波成分且主要是 3 次、5 次、7 次谐波，而高速列车主要产生 13 次、20 次、21 次、22 次、24 次等较高次的谐波电流。除了整流器等电力电子器件产生的谐波，含有电弧和铁磁非线性设备也是谐波来源之一，如受电弓、断路器产生拉弧或重燃的过程等。

牵引变压器作为一种具有特殊用途的变压器，其承担的牵引负荷的非线性会造成牵引变压器内部的铁心、线圈都将产生附加损耗(磁滞损耗、涡流损耗和线圈损耗)，进而会产生附加热量并加速牵引变压器内部油纸绝缘系统的老化。除非线性之外，在冲击性牵引负荷长期作用下，牵引变压器的绕组会承受冲击性机械应力的作用，加速绕组绝缘的损坏。高低压绕组间温度如图 1-11 所示，牵引变压器的平均负载率不高，当无电力机车通过时，近似空载运行，牵引变压器内部绕组与变压器油的整体平均温度也不是很高，而当有电力机车通过时，牵引变压器短期承受多倍于额定容量的负荷，即短时间内承受巨大的热应力作用，而绕组的热平衡时间常数为十几分钟，绝缘油的热平衡时间常数通常为 2h，在冲击性负荷的作用下，牵引变压器绕组的温度迅速上升，但绝缘油的温度变化缓慢，进而造成牵引变压器高压绕组与低压绕组之间的温度场分布极不均匀，因此长期处于冲击性牵引负荷作用下会造成高低压绕组之间的绝缘老化速率不一致、老化状态分布极不均匀。除上述特殊运行工况之外，牵引变压器特殊的接线方式导致其内部不同绕组上流过的电流总是不相同的，因此不同绕组上产生的热量不同，进而导致牵引变压器内部不同绕组的绝缘老化状态不一致。上述原因造成的牵引变压器绝缘老化状态分布极不均匀，会直接导致牵引变压器内绝缘中微水、糠醛、低分子弱酸等的分布不均匀，具有区域性分布的特点，这些反过来会加剧牵引变压器绝缘老化状态分布的不均匀性。

综上所述，牵引变压器及其附属套管的内部油纸绝缘的工作环境较为恶劣，其老化状态分布更为复杂，具有多样性。此外，绝缘纸和绝缘油在运行过程中经受电、热、机械力等的不断作用，其内部的大分子链不断老化降解为小分子链，油纸绝缘微观结构的改变将引起其介电特性的变化。

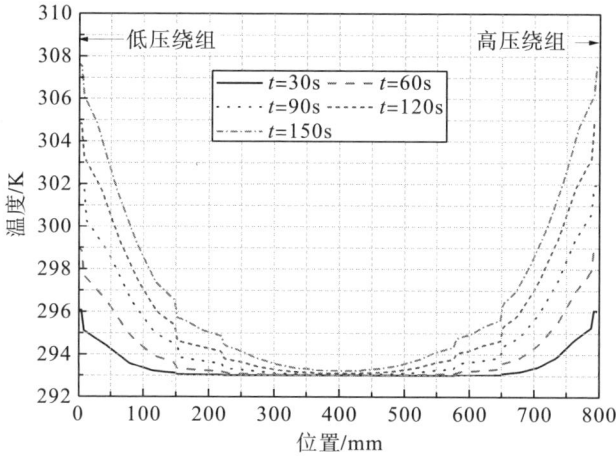

图 1-11　高低压绕组间温度

1.4　牵引变压器绝缘状态评估方法

牵引变压器主要形式为绝缘油纸式，其内绝缘分为主绝缘和纵绝缘，牵引变压器油纸绝缘系统在运行过程中逐渐劣化，需要及时对其绝缘状态进行评估，目前，变压器检测方法主要分为电气方法、物理化学方法以及其他诊断方法，如表 1-1 所示[17-20]。

表 1-1　变压器绝缘状态的诊断方法

类型	具体方法
电气方法	介电响应法、局部放电检测法、绝缘电阻和吸收比测试、泄漏电流测试、介质损耗角正切值等
物理化学方法	微水含量，油中溶解气体分析法，绝缘纸聚合度，分子量，油中糠醛含量、丙酮等产物，结晶度，酸值等
其他诊断方法	X 射线衍射、扫描电镜、傅里叶光谱、红外色谱分析、紫外色谱分析等

1. 电气方法

目前，电气方法主要有介电响应法、局部放电检测法、绝缘电阻和吸收比测试、泄漏电流测试、介电损耗角正切值等，这些电气方法通过测试相应的电气参数获得牵引变压器绝缘状态。

1)介电响应法

当给某系统施加一个输入(激励)，该系统就会产生一个输出，这个输出就是该系统对这个输入(激励)的响应,介电响应是以电介质为对象系统,以极化、介电弛豫为微观机理的一种响应。该方法包括时域介电响应法和频域介电响应法,其中时域介电响应法包括回复电压法(recovery voltage method,RVM)和极化/去极化电流(polarization and depolarization current,PDC)法两种;频域介电响应法有频域介电谱(frequency domain spectroscopy,FDS)法。

2)局部放电检测法

局部放电是一种在电场作用下,绝缘系统只有部分区域发生没有贯穿两电极间的放电现象。局部放电的过程除了发生电荷转移和电能损耗,还会产生电磁辐射、超声波、发光、发热等现象。目前,局部放电检测法有超声波检测法、光检测法、红外测量法、化学检测法、脉冲电流法、无线电干扰法、超高频等多种方法。

3)绝缘电阻和吸收比测试

绝缘电阻和吸收比测试对绝缘整体受潮或贯通性缺陷,如各种短路、接地、瓷件破裂等能有效地反映出来。测量时分别测量高压对低压及地和低压对高压及地的绝缘电阻和吸收比。

4)泄漏电流测试

电压等级为 25kV 及以上且容量为 10000kVA 及以上的变压器必须进行此项试验,试验原理与绝缘电阻和吸收比测试是一致的。不过泄漏试验电压较低,并且可以调节,以便改变泄漏电流随外施电压上升而变化的规律,与绝缘电阻和吸收比测试相比,泄漏电流测试更能发现绝缘缺陷,如主变压器内部受潮、绝缘油劣化、套管开裂、绝缘纸筒隔板沿面放电引起的绝缘缺陷。

5)介质损耗角正切值

介质损耗角正切值又称为介质损耗因数或简称为介损。测量介质损耗因数可以发现电力设备绝缘整体受潮、劣化变质以及小体积被试设备贯通和未贯通的局部缺陷。在设备制造及交接和预防性试验中得到了广泛应用。

2. 物理化学方法

1)微水含量

水分由外部入侵或在内部老化产生后,在油纸绝缘系统中进行扩散。水分在绝缘油中溶解度较低,主要存在于吸附能力较强的绝缘纸中。水分不仅会降低绝缘强度,而且会加速绝缘纸老化,是促进纤维素水解的主要物质。在运行温度条件下,油纸绝缘加速劣化,进一步产生水分,受潮状态加剧。微水含量可大致判断油纸绝缘状态。

2) 油中溶解气体分析法

变压器油和固体绝缘材料在运行的过程中，逐步老化产生特征气体，主要有 CH_4、C_2H_6、C_2H_4、C_2H_2、H_2、CO、CO_2。经过不断地总结和改良，国际电工委员会(International Electrotechnical Commission，IEC)相继推荐了三比值法及改良的三比值法。在此基础上，国内外学者还提出了一些诸如四比值法、TD 图法、无编码比值法等相关方法。随着研究的深入，神经网络、模糊数学、专家系统、人工智能等先进的数学方法也逐步被引入到油中溶解气体分析法中。

3) 绝缘纸聚合度

变压器的固体绝缘(纸、纸板)主要成分是纤维素(线性聚合体)，聚合体中葡萄糖单体的个数称为聚合度。纤维素的聚合度通常采用黏度法测得。当绝缘纸的聚合度为 500~900 时，其拉伸强度为一常数；而当绝缘纸的聚合度为 200~500 时，其拉伸强度与聚合度成正比递减；当绝缘纸聚合度进一步降低时，认为其拉伸强度近似完全丧失。在广泛进行的油纸绝缘系统的加速老化试验中，大多数采用抗张强度的 50%或聚合度值 200~250 为绝缘纸寿命的终点，而聚合度成为国内外学者公认的表征绝缘纸老化的特征指标。

4) 分子量

随着绝缘材料的老化，构成绝缘材料的大分子链发生断裂，逐步降解为分子量更小的小分子链，因此通过测量绝缘材料分子链的分子量，就可以判断出绝缘材料的老化程度。

5) 油中糠醛含量

油中糠醛主要来源于绝缘纸的裂解，糠醛分析提供了一种更为简便的测试绝缘纸老化的方法。油中糠醛含量分析的主要方法有高效液相色谱法、分光光度计法。

3. 其他诊断方法

随着科技的不断进步，各种新仪器、新方法不断出现，使得变压器状态诊断的方法出现了新的领域，X 射线衍射、扫描电镜、傅里叶光谱、红外色谱分析、紫外色谱分析也被应用到绝缘纸的特性研究中。

针对牵引变压器及其附属套管绝缘状态的检验，除通过在线监测系统对牵引变压器及其附属设备的运行状态与绝缘状态进行在线监测[21-26]，目前主要是利用"天窗"时间进行定期离线检修与预防性绝缘试验，牵引变压器及其附属设备检修规程的制定基本上参照电力部门的管理措施进行[27]。在对变压器进行离线绝缘状态检修时，主要进行绝缘电阻、工频介损等电气参数的测试，而绝缘电阻、工频介损等电气参数包含的信息量少，只能对变压器的绝缘状态进行整体评判，不能具体评估变压器的绝缘状态，特别是上述普通电气参数对变压器及其附属套管绝缘状态变化的敏感性较差，当测试结果发生明显变化时，绝缘往往已严重劣化，不能够有效、及时地反映变压器绝缘的状态变化[28,29]。此外，纸中水分测量的手段往往受现场试验条件的限制，取样过程要求必须停运吊罩，且水分的平衡状态还会受到温度场的限制，因此目前多用于实验室的理论研究。聚合度测试也必须停运吊罩取样，破坏绝缘结构。现场变压器进行局部放电或油中溶解气体测试时受现场工况干扰大，测试极难实施。近年来，频域介电谱法由于其具有测试电压低且无损、携带绝缘信息丰富、抗干扰能力强等优点，可以实现对油浸式牵引供电设备的老化程度和故障信息等进行诊断，被认为是牵引变压器油纸绝缘状态评估最有效的方法。

1.5　频域介电谱法研究现状

频域介电谱法具有测试电压低且无损、携带绝缘信息丰富、抗干扰能力强等优点，得到相关学者的广泛关注与研究[30-32]。图 1-12 为频域介电响应测试牵引变压器原理图，频域介电谱法的测试原理是对测试对象施加不同频率的交流电压逐频扫描，测试每个频率电压下流过测试对象的电流，进而通过对电压、电流数据的处理得到被测对象复相对介电常数、介质损耗角正切值、复电容(率)等与频率相关的介电参数[33-35]。

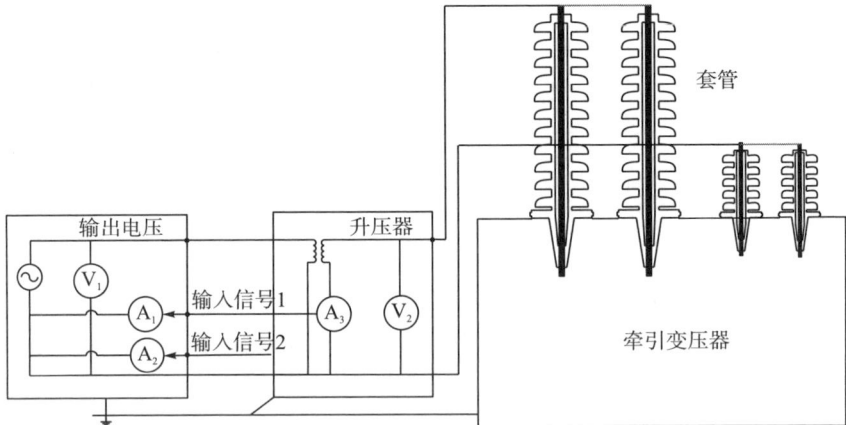

图 1-12　频域介电响应测试牵引变压器原理图

在外加频率、幅值与相位一定的电压时，电介质材料会相应流过一定相位和幅值的电流。在电介质材料内部会发生电导和极化。电导由电介质内部带电粒子在外施电场的作用下发生定向迁移的过程产生；极化是在电介质内部沿着外施电场的方向产生了宏观的偶极矩，进而在介质的表面产生了宏观的束缚电荷。电介质的极化形式较多，基本形式有以下几种：

(1)电子式位移极化。任何介质都是由原子组成的，原子由带正电的原子核和带负电的外层电子组成，其电荷量相等，且正负电荷作用中心重合，对外不显电性，而在外电场作用下，原子外层电子轨道相对于原子核产生位移，其正负电荷作用中心不再重合，对外呈现出一个电偶极子的状态，这就是电子式位移极化。电子式位移极化存在于一切介质中。

(2)离子式位移极化。对于离子式结构的化合物，在无外施电场时，正、负离子对称排列，各离子对的偶极矩互相抵消，故平均偶极矩为零。在外施电场作用下，正、负离子将发生相反方向的偏移，使平均偶极矩不再为零，而形成偶极矩，对外呈现出电性。

(3)偶极子极化。对于正负电荷作用中心不重合的分子，分子的一端呈正电荷，另一端呈负电荷，分子本身就是一个永久性的偶极子，由这种永久性的偶极子构成的介质称为极性介质。单个极子有电性，但无外施电场时，整个介质系统处于不停的混乱运动状态，宏观上正负电荷是平衡的，对外不显电性。在外施电场作用下，原来混乱分布的极性分子沿电场方向定向排列，因而呈现出极性，这种极化称为偶极子极化。

(4)夹层极化。以上是单一介质的情况，当采用多种绝缘介质时，如金属-绝缘体、绝缘体-绝缘体、半导体-绝缘体、粒子-基体、晶区-非晶区、晶界与粒界等。在外加电场的情况下介质的分界面上会产生夹层极化现象。夹层极化属于不均匀介质极化的一种。

(5)空间电荷极化。空间电荷是指绝缘体或半导体中局部区域、异质相间和电极-介质界面处存在的、净的正电荷或负电荷。通常将空间电荷来源分为四类：①偶极分子取向；②宏观尺度上的电荷分离；③微观尺度上的电荷分离；④电极注入的载流子。前面三种为异极电荷，因为其表面电荷极性与极化电极相反，后一种称为同极电荷。当介质内的正、负自由离子在电场作用下改变分布状况时，将在电极附近形成空间电荷，这种现象称为空间电荷极化。空间电荷极化也是缓慢进行的，在低频至超低频下都有这种现象存在，而在高频时因离子来不及移动，就很少有这种极化现象[36-39]。各种极化形式的比较如表 1-2 所示。

表 1-2 电介质极化种类的说明

极化种类	产生场合	所需时间	能量损耗	产生原因
电子式位移极化	任何电介质	10^{-15}s	无	束缚电子轨道偏移
离子式位移极化	离子式结构电介质	10^{-13}s	几乎没有	离子的相对偏移
偶极子极化	极性电介质	$10^{-10}\sim10^{-2}$s	有	偶极子的定向排列
夹层极化	多层介质交界面	10^{-1}s~数小时	有	自由电荷的移动
空间电荷极化	相间或界面处	10^{-1}s~数小时	有	自由离子改变分布

当外施电场时，电介质两端产生的电通量密度 $D(t)$ 由极化强度 $P(t)$ 和场强 $E(t)$ 两部分共同决定，其关系可表示为

$$D(t) = \varepsilon_0 E(t) + P(t) \tag{1-15}$$

式中，ε_0 为真空介电常数。

电介质极化强度 $P(t)$ 由电子位移极化强度 $P_\infty(t)$ 和松弛极化强度 $P_r(t)$ 构成，即

$$P(t) = P_\infty(t) + P_r(t) \tag{1-16}$$

Maxwell 方程认为全电流密度是由传导电流密度和位移电流密度组成的，即

$$J(t) = \sigma_0 E(t) + \partial D(t)/\partial t \tag{1-17}$$

对式 (1-15)、式 (1-16)、式 (1-17) 进行傅里叶变换并联立方程可得

$$\begin{aligned} J(\omega) &= \left\{ \sigma_0 + j\omega\varepsilon_0 \left[\varepsilon_\infty - 1 + \chi'(\omega) - j\chi''(\omega) \right] \right\} E(\omega) \\ &= j\omega\varepsilon_0 \left[\varepsilon'(\omega) - j\varepsilon''(\omega) \right] E(\omega) \end{aligned} \tag{1-18}$$

式中，$\varepsilon'(\omega)$ 为复介电常数的实部，实质为全电流的容性电流密度，表征电介质材料的介电常数；$\varepsilon''(\omega)$ 为复介电常数的虚部，实质为全电流的阻性电流密度，表征电介质材料的介质损耗；$\chi'(\omega)$ 为复极化系数的实部，表征极化幅值大小，相位与外加电场相位一致；$\chi''(\omega)$ 为复极化系数的虚部，表征介质的极化损耗，相位滞后其实部 $90°$。

介质损耗因数 $\tan\delta$ 反映了在外施电场作用下，介质中阻性电流密度与容性电流密度之比，可做如下定义：

$$\tan\delta = \frac{\varepsilon''(\omega)}{\varepsilon'(\omega)} = \frac{\sigma_0/(\omega\varepsilon_0) + \chi''(\omega)}{\varepsilon_\infty + \chi'(\omega)} \tag{1-19}$$

式中，$\sigma_0/(\omega\varepsilon_0)$ 为电导损耗；ε_∞ 为高频介电常数。

当油纸绝缘老化或受潮时，其介电特性将发生改变，频域介电谱法正是以此为理论基础的一种绝缘诊断测试方法。

1) 老化、水分、温度等因素对频域介电谱影响特性的研究现状

在频域介电谱法研究的初期，国内外学者针对老化、水分与温度等因素对测试结果的影响特性进行了大量的研究[40]；瑞典查尔姆斯理工大学学者对恒定温度下不同微水含量的油纸绝缘频域介电响应进行研究，得出频域介电谱与水分含量具有较好的对应性，并且水分主要影响绝缘的低频部分测试结果；挪威科技工业研究院的学者研究发现，低分子弱酸对油纸绝缘频域介电响应的影响类似于水分的作用效果；澳大利亚昆士兰大学的学者研究发现，绝缘纸聚合度的改变并不能影响频域介电响应的测试结果；重庆大学学者研究不同老化因素对油纸绝缘频域介电谱的影响，研究发现当频率小于 100Hz 时，绝缘纸的相对介电常数虚部和介损角正切值随样品老化程度的加深而明显增加，并且油纸绝缘样品的 FDS 曲线随含水量的增加而明显上移；西南交通大学学者研究油纸绝缘微水分布不平衡时的

油纸绝缘频域介电响应，并且建立分布式油纸绝缘介电响应模型进行试验结果分析解释；西安交通大学学者测试研究经过不同加速热老化时间处理后油纸绝缘的频域介电谱，发现老化状态对油纸绝缘样品在较低频率下的频域介电响应影响十分明显。上述相关研究中均发现油纸绝缘频域介电响应测试结果受测试环境温度的影响很大。西安交通大学学者的研究指出，在应用频域介电谱法评估绝缘纸(板)微水含量及老化状态时必须考虑温度的影响，否则将导致评估结果失实；西南交通大学学者研究发现，随着温度升高，油纸绝缘系统频域谱形状基本不变，其幅值增大并向高频率方向移动；瑞典查尔姆斯理工大学学者通过对现场变压器进行测试研究，建议将变压器中部温度作为变压器油纸绝缘频域介电响应的参考温度；加拿大魁北克大学学者研究纬度较高地区低气温下变压器油纸绝缘系统频域介电谱的特性；重庆大学学者在相关研究中基于"时温叠加"的思想提出并证明了一种消除温度对油纸(板)频域介电谱影响的方法，该方法将较高温度的测试结果向参考温度(低于测试温度)低频部分进行归算。

2) 油纸绝缘频域介电谱解释方法的研究现状

在明确各因素对油纸绝缘频域介电谱影响特征的基础上，为了探索油纸绝缘频域介电响应测试结果的解释方法，提升其应用于油纸复合绝缘状态无损检测效果，国内外相关学者利用或改进电介质极化介电参数模型来对油纸绝缘频域介电谱进行解释与理解[40]；德国卡尔斯鲁厄理工学院学者基于 Cole-Cole 介电参数模型对油纸绝缘频域介电谱进行建模与分析，发现水分与低分子弱酸对 Cole-Cole 模型的介电参数的影响特征一致，无法有效区分；重庆大学学者通过引入直流电导率对 Cole-Cole 介电参数模型进行修正，并建立双弛豫修正 Cole-Cole 介电参数模型对试验结果进行拟合解释，发现温度主要影响弛豫分量和直流电导分量；印度贾达普大学学者通过改进 Maxwell 电路模型对轴向不均匀热老化状态下油纸绝缘频域介电响应进行研究与分析；西南交通大学学者采用 Havriliak-Negami 介电参数模型对油纸绝缘频域介电响应进行建模与分析，研究发现弛豫时间常数与水分含量、温度、聚合度分别依次满足对数线性关系、Arrhenius 方程及线性关系；西安交通大学学者将油纸绝缘频域介电响应从高频至低频进行频率分段，对每一段的极化特征、解释方法进行研究，特别是在低频段引入了 Dyre 电导损耗模型能够较好地拟合解释试验结果。

3) 频域介电谱法应用于变压器绝缘状态诊断与评估的研究现状

在上述研究的基础上，国内外学者基于频域介电谱法对变压器绝缘状态诊断与评估进行了相关研究[40]：印度贾达普大学学者建立了油纸绝缘频域介电响应的传递函数，通过研究油纸绝缘响应系统的稳定性提出了一种油纸绝缘老化状态诊断方法；澳大利亚昆士兰大学学者将油纸绝缘频域介电谱法与油中溶解气体分析法等相结合，建立了一套油纸绝缘状态诊断系统；重庆大学学者定量研究油纸绝缘聚合度与频域介电谱介电参数的数学映射关系，提出了一种油纸绝缘老化状态诊断方法；西南交通大学学者研究油纸绝缘微水含量与频域介电谱介电参数之间的数学关系，得到了一种在温度与激励频率一定时评估油纸绝缘微水含量的方法。

4) 频域介电谱法的研究现状

实际工程中进行变压器频域介电响应测试时，测试的扫频范围为 $10^{-3}\sim$ $10^{3}\mathrm{mHz}$，一次完整的扫频测试时间约为 40min，并且所施加外部激励主要为正弦电压。对于较长的测试时间等问题，国内外相关学者对频域介电谱法的测试方法进行优化研究[40]：德国卡尔斯鲁厄理工学院学者提出了一种不完全周期的油纸绝缘频域介电响应测试法，该方法最多只需测试 1/4 个周期的电流信号，通过算法计算并反演出完整周期的电流信号；西南交通大学学者提出了一种油纸绝缘频域介电谱混频测试方法，通过该方法整体测试时间缩减为混频信号中最低频率单个频率点的测试时间；德国斯图加特大学学者提出油纸绝缘频域介电谱低频部分介电参数与油纸绝缘极化/去极化电流测试结果之间的转换方法；印度贾达普大学学者研究非正弦激励信号下油纸绝缘频域介电谱法，以期获得更多的信息量。

第 2 章　牵引变压器绝缘系统介电响应模型

依据频域介电响应基本原理，在不同频率的交变电场作用下，电介质两端施加电压与流过介质的电流产生相位差，电导的热运动引起的松弛极化现象会产生损耗，还会产生与周期相关的损耗。在不同频率范围内，电介质的老化程度、杂质、水分以及温度都会对电介质损耗产生影响，尤其是油纸绝缘介电谱的低频部分对绝缘状态的变化更为敏感，因此频域介电谱的低频部分能够更好地反映油纸绝缘的绝缘状态。

为了能够更好地解释油纸绝缘介电谱的低频部分，进而利用低频介电谱诊断油纸绝缘的状态，在本章中作者对低频激励下绝缘介质介电响应模型、模型验证和载流子分布特征及牵引变压器油纸绝缘系统低频介电参数方程进行研究，下面将分别进行介绍。

2.1　正弦激励下绝缘介电响应建模

2.1.1　绝缘介电响应载流子来源分析

载流子指的是带有电荷并可运动而输运电流的粒子，包括电子、离子等，在外施电场环境下，变压器油中载流子来源主要包括两种途径：一是变压器油中杂质(弱电解质)在外电场作用下的电离、复合产生的离子；二是在电极和变压器油界面产生的注入电荷[41]。Alj 等[42]以介质中损耗为参考量，通过对比试验值与计算值研究了上述两种载流子来源途径所起主导作用的电场强度范围，如图 2-1 所示。

图 2-1 中，曲线 1 是试验曲线，曲线 2 是只考虑载流子来源于杂质电离复合产生情况下的损耗计算值，曲线 3 是只考虑载流子来源于电极注入电荷情况下的损耗计算值。由图 2-1 可知，当电场强度小于 10^6V/m 时，变压器油中载流子主要来源于杂质在电场作用下的电离、复合，当电场强度大于 10^6V/m 时，随着电场强度的逐渐增大，载流子来源的主导机制逐渐变为电极和变压器油界面的注入电荷。

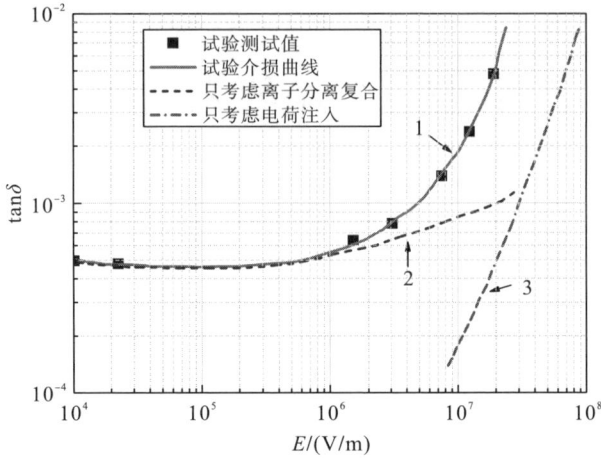

图 2-1　变压器油介质损耗与电场强度的关系

2.1.2　载流子运动分析及控制方程

实际工程中，变压器高低压绕组间的距离以厘米为单位，而变压器频域介电响应测试过程中施加的测试电压只有几百伏，整个测试过程中电场强度远小于 10^6V/m，因此变压器频域介电响应测试过程中，绝缘介质中载流子来源主要为杂质在外施电场作用下的电离、复合。若以 R_1R_2 表示变压器油中的弱电解质，则该过程可表示为[40]

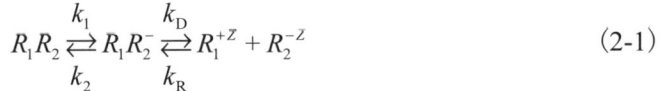

$$R_1R_2 \overset{k_1}{\underset{k_2}{\rightleftharpoons}} R_1R_2^- \overset{k_D}{\underset{k_R}{\rightleftharpoons}} R_1^{+z} + R_2^{-z} \tag{2-1}$$

式中，k_1、k_2 分别为分子与离子对电离复合过程中的电离平衡常数、复合平衡常数；k_D、k_R 分别为离子对与离子电离复合过程中的电离平衡常数、复合平衡常数；$+z$、$-z$ 分别为产生的正、负离子的化合价。实际中，变压器油中杂质产生的离子会有不同的化合价[40]，然而为了方便研究，下面将离子化合价均视为单位正价与负价，与此同时下面提到的离子浓度亦是在单位正、负价下的等效离子浓度。

在式 (2-1) 所包含的各参数中，外施电场的大小主要影响 k_D，即离子对与离子电离复合过程中的电离平衡常数，并且 k_D 与外施电场的强度 E 有式 (2-2) 所示关系：

$$k_D(E) = k_D(0)F(E) \tag{2-2}$$

式中，$k_D(0)$ 为当外施电场为 0 时，离子对与离子电离复合过程中的电离平衡常数，$F(E)$ 定义如下：

$$F(E) = \frac{I_1(4b)}{2b} \tag{2-3}$$

式 (2-3) 中，$I_1(4b)$ 为一阶修正后的 Bessel 函数，b 为 $F(E)$ 的一个参数，仅为

书写方便设定且有如式(2-4)所示的表达式，式(2-4)中，q 为单位电荷的带电量，值为 1.6×10^{-19}C，ε 是变压器油的介电常数，k_b 为玻尔兹曼常数，值为 1.38×10^{-23}J/K，T 是温度，单位为开尔文(K)。由式(2-3)、式(2-4)可知，当外施电场强度 E 较小时，b 趋近于 0，$F(E)$ 趋近于 1，则 $k_D(E)$ 趋近于 $k_D(0)$，因此在下面的研究中设定在频域介电响应测试过程中，离子对与离子电离复合过程中的电离平衡常数始终为 $k_D(0)$。

$$b = \sqrt{\frac{q^3 E}{16\pi\varepsilon k_b^2 T^2}} \tag{2-4}$$

当外施电场强度 E 为 0 时，变压器油中离子的浓度随着杂质的电离、复合存在式(2-5)所示的关系：

$$\frac{\mathrm{d}n_+}{\mathrm{d}t} = \frac{\mathrm{d}n_-}{\mathrm{d}t} = k_D(0)c - k_R n_+ n_- \tag{2-5}$$

式中，n_+、n_- 分别为正离子和负离子的浓度；c 为离子对的浓度，因变压器油中杂质(低分子弱酸、微水等)为弱电解质，且离子电离、复合过程时间远远小于离子的运动时间，故离子对浓度 c 的值可视为常数。当式(2-5)所示关系达到平衡时，有

$$\frac{\mathrm{d}n_+}{\mathrm{d}t} = \frac{\mathrm{d}n_-}{\mathrm{d}t} = 0 \tag{2-6}$$

即达到平衡时有

$$n_+ = n_- = n_0 \tag{2-7}$$

$$k_D(0)c = k_R n_+ n_- = k_R n_0^2 \tag{2-8}$$

式(2-7)中表示的平衡时正离子、负离子的浓度 n_0 有如下表达式：

$$n_0 = \frac{\sigma_0}{q(\mu_+ + \mu_-)} \tag{2-9}$$

式中，μ_+ 与 μ_- 分别为正、负离子的迁移率；σ_0 为变压器油隙的初始体电导率。

由 Langevin 关系可知，离子对与离子电离复合过程中复合平衡常数 k_R 满足如下表达式：

$$k_R = \frac{q(\mu_+ + \mu_-)}{\varepsilon} \tag{2-10}$$

2.1.3　正弦激励下绝缘介电响应模型

前面介绍了低频介电响应载流子的来源，为描述载流子在温度场和外施电场共同作用下是如何运动及分布的，本节建立如图 2-2 所示的物理模型示意图。

图 2-2 中：距离为 L 的两平板电极极板之间充满绝缘介质，将极板之间介质间隙密封使其与外界没有物质交换，则在极板之间形成一个密闭间隙，通过外部电源在极板之间施加正弦电压 $u(t)$，则在电场 E 的作用下，正、负离子将分别大量地聚集在负电极与正电极的边缘，形成电极极化层。该过程中正、负离子的运

动还受到内部离子浓度差以及热扩散的作用，因此在外部电源施加一定时间后，电场力的作用与热扩散等的作用将达到平衡，此时绝缘介质内部的离子浓度分布也将达到稳态。

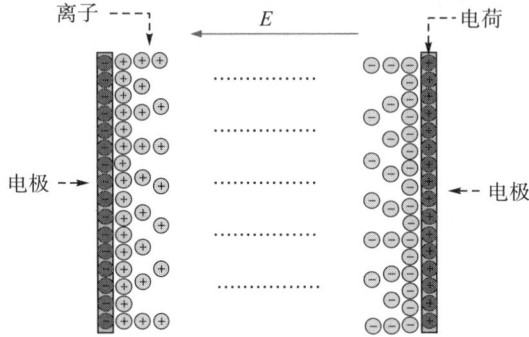

图 2-2   平行极板间离子浓度分布示意图

在绝缘介质频域介电响应测试过程中，在外施电场的作用下内部电场强度分布满足泊松方程：

$$\frac{\partial E(x,t)}{\partial x} = \frac{q[n_+(x,t) - n_-(x,t)]}{\varepsilon_r \varepsilon_0} \tag{2-11}$$

测试过程施加外部电场后，正、负离子移动产生的电流密度分别为

$$\begin{cases} J_+(x,t) = qn_+(x,t)\mu_+ E(x,t) \\ J_-(x,t) = -qn_-(x,t)\mu_- E(x,t) \end{cases} \tag{2-12}$$

考虑热扩散作用，式(2-12)可以写为

$$\begin{cases} J_+(x,t) = -D_+(x,t)\dfrac{\partial n_+(x,t)}{\partial x} + qn_+(x,t)\mu_+(x,t)E(x,t) \\ J_-(x,t) = -D_-(x,t)\dfrac{\partial n_-(x,t)}{\partial x} - qn_-(x,t)\mu_-(x,t)E(x,t) \end{cases} \tag{2-13}$$

式中，D_+、D_- 分别为正、负离子的扩散系数，为分析方便，有 $\mu_+ = \mu_- = \mu$、$D_+ = D_- = D$。

根据 Fick 扩散定律可知

$$\begin{cases} \dfrac{\partial n_+(x,t)}{\partial t} = -\dfrac{\partial J_+(x,t)}{\partial x} \\ \dfrac{\partial n_-(x,t)}{\partial t} = -\dfrac{\partial J_-(x,t)}{\partial x} \end{cases} \tag{2-14}$$

则将式(2-5)、式(2-10)、式(2-13)代入式(2-14)，可得测试过程中绝缘介质中离子的动态分布表达式如下：

$$\begin{cases} \dfrac{\partial n_+(x,t)}{\partial t} = D\dfrac{\partial^2 n_+(x,t)}{\partial x^2} - q\dfrac{\partial[n_+(x,t)\mu E(x,t)]}{\partial x} + \dfrac{2\mu q}{\varepsilon}[n_0^2(x,t) - n_+(x,t)n_-(x,t)] \\[3mm] \dfrac{\partial n_-(x,t)}{\partial t} = D\dfrac{\partial^2 n_-(x,t)}{\partial x^2} + q\dfrac{\partial[n_-(x,t)\mu E(x,t)]}{\partial x} + \dfrac{2\mu q}{\varepsilon}[n_0^2(x,t) - n_+(x,t)n_-(x,t)] \end{cases}$$

$$(2\text{-}15)$$

由于电极极板的屏蔽作用，在图 2-2 所示电极与绝缘介质接触界面无电荷交换，有大量电荷束缚在极板上来补偿束缚离子的作用且维持施加在电极上的场强，则极板上离子运动产生的束缚电荷的密度为

$$Q_1(t) = \frac{1}{L}\int_0^{L/2} 2x[n_+(x,t) - n_-(x,t)]\mathrm{d}x \qquad (2\text{-}16)$$

考虑到极板间的几何电容效应以及其他瞬时或快速极化作用产生的束缚电荷，极板上束缚电荷的总密度为

$$Q(t) = \frac{1}{L}\int_0^{L/2} 2x[n_+(x,t) - n_-(x,t)]\mathrm{d}x + \frac{u(t)\varepsilon_r\varepsilon_0}{L} \qquad (2\text{-}17)$$

式中，ε_r 为绝缘介质工频相对介电常数；ε_0 为真空介电常数。

通过式(2-17)，可以得到流过极板的电流表达式为

$$i(t) = S\frac{\mathrm{d}Q(t)}{\mathrm{d}t} = S\frac{\mathrm{d}\left\{\dfrac{1}{L}\displaystyle\int_0^{L/2} 2x[n_+(x,t) - n_-(x,t)]\mathrm{d}x + \dfrac{u(t)\varepsilon_r\varepsilon_0}{L}\right\}}{\mathrm{d}t} \qquad (2\text{-}18)$$

式中，S 为平板电极的有效面积。

综上，式(2-15)为绝缘介质在频域介电响应测试过程中正、负离子的浓度变化方程，亦为离子在温度场和外施电场共同作用下的运动方程，通过式(2-15)可知其初始参数如下：离子的迁移率 μ、扩散系数 D 以及初始离子浓度 n_0（初始体电导率 σ_0）。

2.2　模型验证及分析

2.2.1　仿真模型与边界条件

为了依据前面所建立的载流子运动方程及分布模型进行仿真，需对其进行离散化处理，软件平台为 MATLAB2010b，图 2-3 为模型离散化处理一维示意图，图中 k 与 m_1 均为大于 0 的整数。

离散式(2-11)可以得到电场强度表达式：

$$\frac{E(j,k) - E(j-1,k)}{h} = \frac{q[n_+(j,k) - n_-(j,k)]}{\varepsilon} \qquad (2\text{-}19)$$

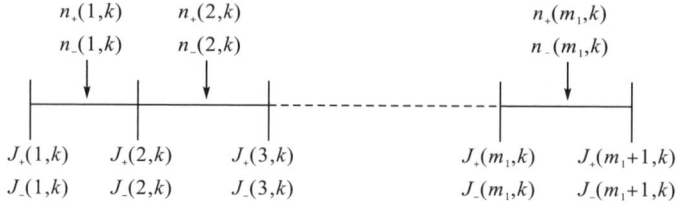

图 2-3　模型离散化处理一维示意图

式中，h 为仿真模型中设置的单位长度，$h=L/m_1$；$j=1,2,3,\cdots,m_1$。

离散式（2-13）可得

$$\begin{cases} J_+(j,k) = -D\dfrac{n_+(j,k)-n_+(j-1,k)}{h} + q\dfrac{n_+(j,k)+n_+(j,k)}{2}\times\mu E(j,k) \\ J_-(j,k) = -D\dfrac{n_-(j,k)-n_-(j-1,k)}{h} - q\dfrac{n_-(j,k)+n_-(j,k)}{2}\times\mu E(j,k) \end{cases} \tag{2-20}$$

离散后的边界条件为

$$\begin{cases} J_+(1,k) = J_+(m_1+1,k) = 0 \\ J_-(1,k) = J_-(m_1+1,k) = 0 \end{cases} \tag{2-21}$$

离散式（2-15），可得正、负离子的浓度变化的离散方程：

$$\begin{cases} \dfrac{n_+(j,k+1)-n_+(j,k)}{\tau} = -\dfrac{J_+(j+1,k)-J_+(j,k)}{h} + k_R n_0^2(j,k) - k_D n_+(j,k)n_-(j,k) \\ \dfrac{n_-(j,k+1)-n_-(j,k)}{\tau} = -\dfrac{J_-(j+1,k)-J_-(j,k)}{h} + k_R n_0^2(j,k) - k_D n_+(j,k)n_-(j,k) \end{cases}$$

$$\tag{2-22}$$

式中，τ 为仿真时间步长。

2.2.2　试验测试及验证

为了验证上述离散处理后所得到的正、负离子的浓度变化离散方程，具体步骤如下。

1. 材料预处理

试验中采用三电极测试系统，电极表面光滑，如图 2-4 所示，电压电极直径为 40mm，测量电极直径为 24mm，保护电极外径为 40mm，保护电极内径为 30mm，测量电极与保护电极中间绝缘。选用 0.5mm 厚的聚酯薄膜，将薄膜裁成内径为 12mm，外径为 40mm 的圆环，保证圆环的内圆处在保护电极上，依此测量电极和电压电极之间能够形成厚度为 0.5mm 的密闭油隙，则薄膜圆环边沿泄漏电流将会从保护电极流过，不影响测量电极测试结果。

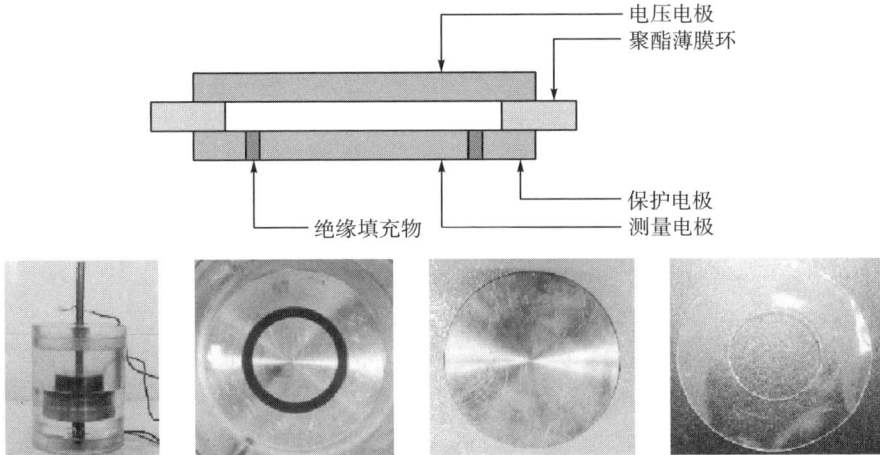

图 2-4　三电极测试系统示意图

本节试验选用 25#克拉玛依变压器油，试验前将变压器油真空脱气，并且将变压器油在80℃下干燥至水分含量约为11ppm(电气性能满足 IEC 60296—2020[①]，变压器油中水分测试参照《绝缘液体　油浸纸和油浸压纸板　用卡尔•费休自动电量滴定法测定水分》(IEC 60814—2014)，试验过程中温度利用温度箱控制为30℃、40℃、50℃、70℃，每次试验进行前，将测试装置在温度箱内静置 12h，使油隙内部变压器油达到热平衡。

2. 电流测试

通过数字信号发生器(Agilent 33220A)在三电极测试系统的电压电极与测量电极之间分别施加频率为 1mHz、5mHz 与 10mHz 的交流电压，电压幅值为 10V，则流过电极的电流可通过微电流测试仪(HB-321，精度 fA)测试，电流测试系统如图 2-5 所示。

图 2-5　电流测试系统

---

① IEC 60296—2020《电工用液体　电气设备用矿物绝缘油》(fluids for electrotechnical applications-Mineral insulating oils for electrical equipment)

3. 初始体电导率测试

通过数字信号发生器(Agilent 33220A)在三电极测试系统的电压电极与测量电极之间施加 10V 直流电压，则记录 t=10s 时的电流，根据《绝缘液体　测量电导和电容确定介质损耗因数的试验方法》(GB/T 21216—2007)，初始体电导率可通过式(2-23)计算：

$$\sigma_0 = \frac{US}{I_{t=10s}L} \tag{2-23}$$

4. 离子迁移率测试

通过数字信号发生器(Agilent 33220A)在三电极测试系统的电压电极与测量电极之间施加 10V 直流电压，当 t=100s 时电压正负极性反转，电压正负极性反转后电流经过时间 t_{peak} 后会出现峰值，如图 2-6 所示，则离子迁移率可通过式(2-24)计算[40]：

$$\mu = \frac{L^2}{Ut_{peak}} \tag{2-24}$$

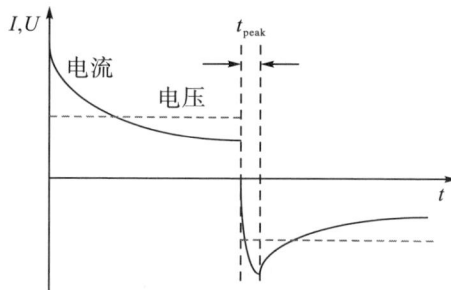

图 2-6　离子迁移率测试中电压正负极性反转与电流示意图

根据上述测试系统及测试方法，可测试得到油隙初始体电导率如表 2-1 所示，离子迁移率如表 2-2 所示，进而根据式(2-25)可计算得到油隙离子扩散系数如表 2-3 所示。

$$D = \frac{\mu q}{k_b T} \tag{2-25}$$

表 2-1　不同温度下变压器油隙初始体电导率

温度/℃	初始体电导率/(S/m)
30	3.78×10^{-12}
40	7.74×10^{-12}
50	2.78×10^{-11}
70	9.88×10^{-11}

表2-2　不同温度下变压器油隙离子迁移率

温度/℃	离子迁移率/[m²/(V·s)]
30	8.93×10^{-10}
40	1.31×10^{-9}
50	2.19×10^{-9}
70	3.82×10^{-9}

表2-3　不同温度下变压器油隙离子扩散系数

温度/℃	离子扩散系数/(m²/s)
30	2.33×10^{-11}
40	3.54×10^{-11}
50	6.11×10^{-11}
70	1.13×10^{-10}

将测试计算得到的变压器油隙初始体电导率、离子迁移率及离子扩散系数代入到前面所建立的仿真模型中，则可以得到在不同温度、不同频率下流过电极的电流波形，仿真过程中模型其他参数设置如下：$\varepsilon_r = 2$，$\tau = 0.5s$，$h = 0.01mm$。将仿真得到的电流曲线与试验测试得到的电流曲线进行对比，如图 2-7 所示。

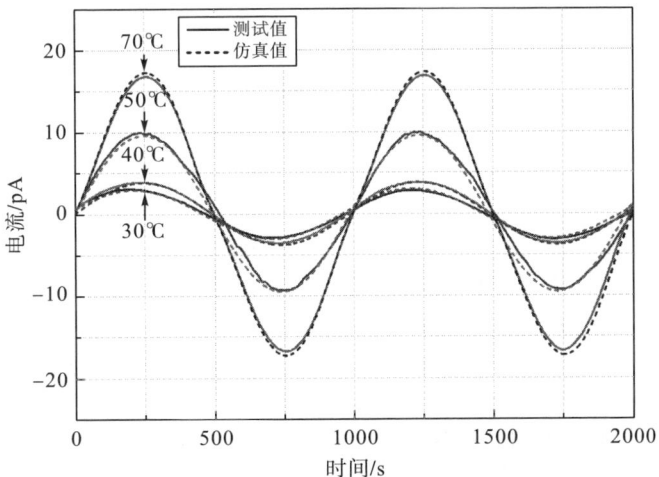

(a) 电压频率为1mHz时电流测试曲线与仿真曲线

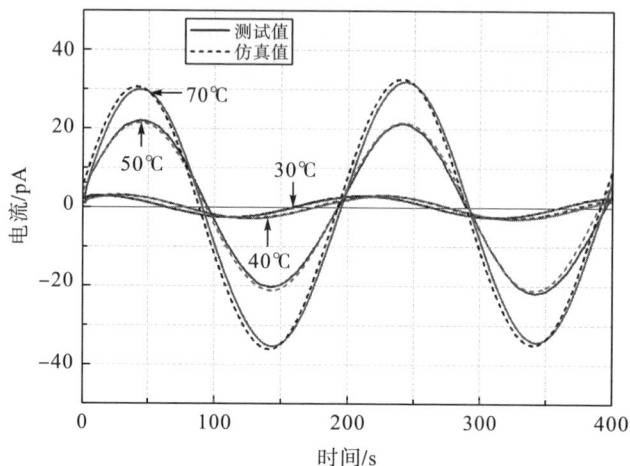

(b) 电压频率为5mHz时电流测试曲线与仿真曲线

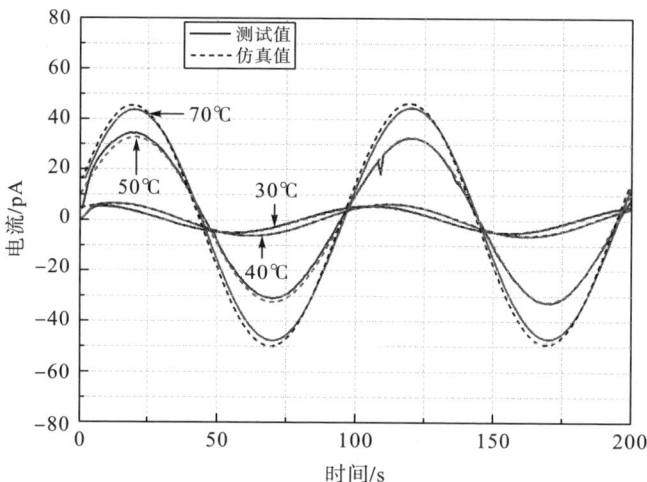

(c) 电压频率为10mHz时电流测试曲线与仿真曲线

图 2-7　不同电压频率、不同温度下电流测试曲线与仿真曲线

由图 2-7 可知，在不同频率、不同温度下测试电流、仿真电流与施加的电压具有相同的周期，且仿真电流与测试电流在相位角、幅值上均有很好的一致性，可以说明 2.2.1 节所建立的低频激励下绝缘介质载流子运动方程与分布模型是有效的、合理的。

2.2.3　载流子分布特征分析

以 30℃条件下的仿真结果为例进行低频介电响应过程中载流子分布特征分析研究。图 2-8 和图 2-9 分别为负、正离子浓度分布仿真三维图，时间轴单位为

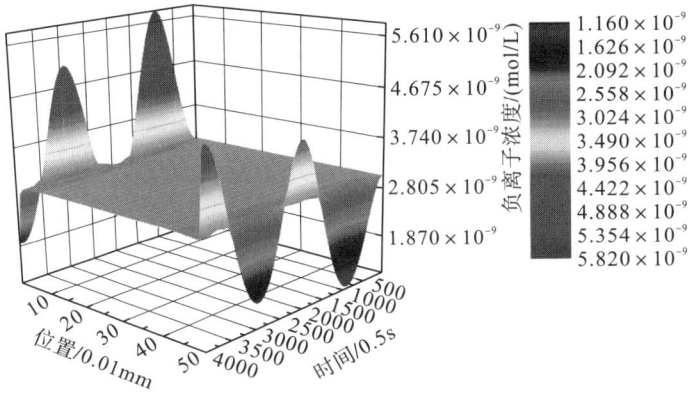

(a) 负离子浓度分布

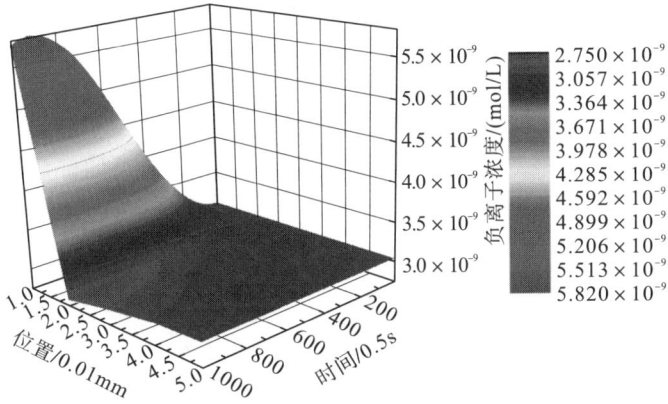

(b) 半个周期内变压器油隙中负离子在正电极附近分布

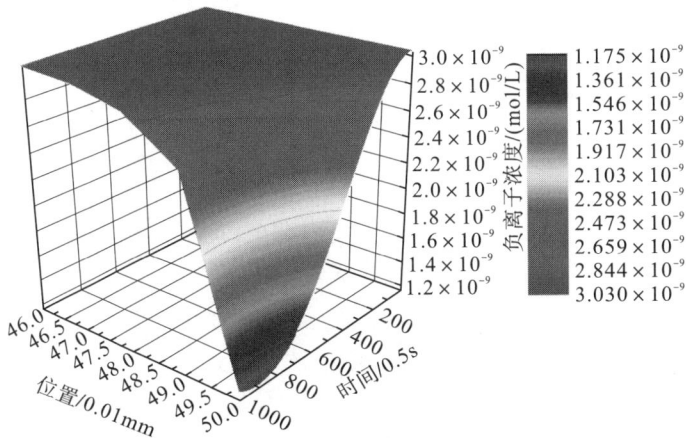

(c) 半个周期内变压器油隙中负离子在负电极附近分布

图 2-8　变压器油隙负离子浓度分布三维图

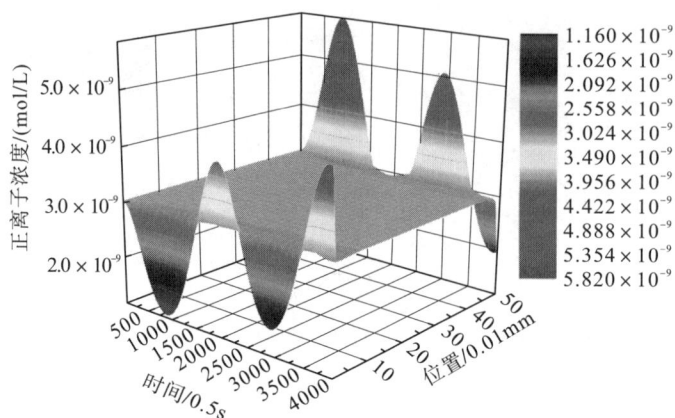

(a) 正离子浓度分布

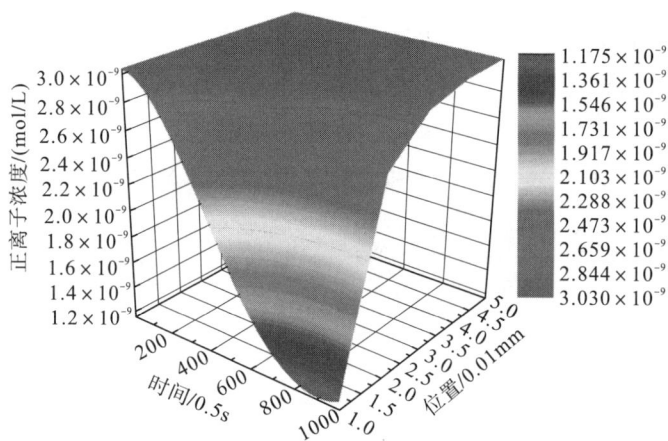

(b) 半个周期内变压器油隙正离子在正电极附近分布

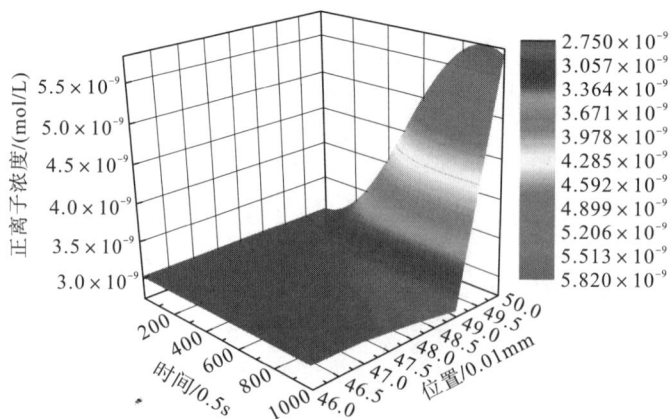

(c) 半个周期内变压器油隙正离子在负电极附近分布

图 2-9　变压器油隙正离子浓度分布三维图

$\tau(0.5\text{s})$，位置轴单位为 $l(0.01\text{mm})$。由图 2-8 (a) 和图 2-9 (a) 可以看出，变压器油隙内部正离子和负离子在电极之间的浓度随施加电压呈周期性变化：当电压由 0 开始按正弦变化，施加半个周期时，电极附近的离子浓度达到最大值，电压正、负方向反转，变压器油隙内离子所受电场力反向，经过半个周期后，电极附近的离子浓度再次达到最大值。

从图 2-8 (b) 和图 2-9 (c) 中可得，正、负离子在带异种电荷的电极附近，正、负离子的浓度分布从电极附近开始由一个高于变压器油隙内部本征离子浓度的值以一定的梯度减小为低于本征离子浓度的值，此处离子的运动主要受电场力和热扩散的共同作用，然后以一定的梯度增加至与本体浓度相等，此处离子的运动主要受热扩散的作用[31]。图 2-8 (c) 和图 2-9 (b) 为负离子在负电极附近浓度分布与正离子在正电极附近浓度分布图，从图中可以看出，正、负离子在带同种电荷的电极附近，正、负离子的浓度从电极附近开始由一个低于变压器油隙内部本征离子浓度的值先以较大的梯度、后以较小的梯度增加至与本征离子浓度相等，此处离子的运动主要受电场力和热扩散的共同作用。正、负离子浓度在电极附近变化，与变压器油隙本征离子浓度不同的部分即极化层[40]。

由上述分析可知，平板电极之间的正、负离子浓度的分布是对称的，可以得到如图 2-10 所示的正、负离子浓度分布的二维示意图。结合电化学相关知识，图 2-10 中离子浓度分布可以分为三个部分：（Ⅰ）分散双电层、（Ⅱ）扩散层、（Ⅲ）对流区。离子在分散双电层区域的运动主要受电场力和热扩散的综合作用，离子在扩散层的运动主要受热扩散的作用，而在对流区的运动主要受电场力的作用。

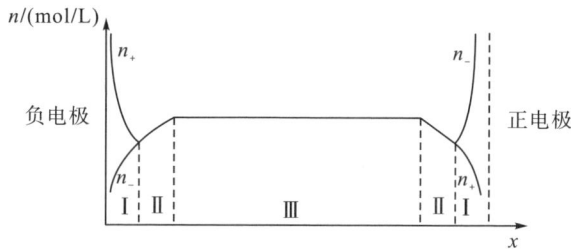

图 2-10　变压器油隙正负、离子浓度分布的二维示意图

由图 2-8~图 2-10 可知，在外施电场和热扩散的综合作用下，油隙中离子向电极运动，电极的屏蔽作用积聚在电极附近，进而产生了极化层，因此油隙间离子浓度分布宏观上类似一个偶极子，会影响绝缘介质的介电性能。在离子浓度达到平衡之前，区域Ⅱ部分的离子浓度变化会导致浓差极化，进而会扩大电极之间的电势差，从而促进离子在电极附近积聚，极板间的电容随之增大[40]。当外施电场的频率降低时，离子在单一半个周期内的运动时间增大，会有更多的离子束缚

在电极区域 I 附近，而电极附近离子的束缚亦受到离子热扩散的作用，当外施电场为直流电场时，经过足够的时间(弛豫时间)，离子浓度分布将达到一个稳态。当离子浓度分布达到稳态时，由离子运动产生的电流将变为 0，从宏观上看可视为有效载流子的耗尽。在离子分布稳态的情况下，极板间油隙复电容实部将不会变化，而由于直流电导的作用，复电容虚部在对数坐标系中呈现斜率为-1 的直线。

2.3 牵引变压器油纸绝缘系统介电参数方程

牵引变压器油纸绝缘系统频域介电谱的低频部分更有利于诊断、评估油纸绝缘系统的老化状态与水分含量，为了将频域介电谱法更好地应用到工程中，本节首先针对变压器油纸绝缘系统低频激励下的介电响应进行介绍，提出以电导率、离子迁移率等为参量的绝缘电介质的介电参数方程；然后基于变压器油纸绝缘系统的 XY 几何等效模型，构建变压器油纸绝缘系统低频介电参数方程；最后通过试验对所构建的介电参数方程进行验证。

2.3.1 介电参数方程的构建

根据图 2-2 所示平行极板电介质模型，若施加电压频率足够低，则极板间电极极化过程能够完成且绝缘电介质内部离子浓度再次平衡所需弛豫时间 τ_{EP} 为

$$\tau_{EP} = \frac{L_D}{2\mu} \left(\frac{\varepsilon_r \varepsilon_0}{n_0 k_b T} \right)^{1/2} \tag{2-26}$$

此时，在电极附近产生的极化层厚度(德拜长度) L_D 为

$$L_D = \frac{1}{q} \left(\frac{\varepsilon_r \varepsilon_0 k_b T}{n_0} \right)^{1/2} \tag{2-27}$$

将式(2-9)代入式(2-26)、式(2-27)，可得

$$\begin{cases} \tau_{EP} = L \left(\dfrac{\varepsilon_r \varepsilon_0 q}{2\sigma_0 \mu k_b T} \right)^{1/2} \\[3mm] L_D = \left(\dfrac{2\varepsilon_r \varepsilon_0 k_b T \mu}{q \sigma_0} \right)^{1/2} \end{cases} \tag{2-28}$$

当极板间外施低频激励是角频率为 ω，初相角为 0 的正弦交流电压 $u(t)$ 时，电极极化作用产生的介电参数随频率的变化满足德拜弛豫方程，即

$$\varepsilon_{EP}^*(\omega) = \varepsilon_r + \frac{\Delta\varepsilon_{EP}}{1 + i\omega\tau_{EP}} \tag{2-29}$$

式中，$\Delta\varepsilon_{EP}$ 的表达式[30]为

$$\Delta\varepsilon_{EP} = \left(\frac{L}{2L_D} - 1\right)\varepsilon_r \tag{2-30}$$

则将式(2-28)、式(2-30)代入式(2-29)，并将式(2-29)实部、虚部分离可得

$$
\begin{cases}
\varepsilon'_{EP}(\omega) = \varepsilon_r + \dfrac{\varepsilon_r L\left(\dfrac{e\sigma_0^3 \mu kT}{2\varepsilon_r \varepsilon_0}\right)^{1/2} - 2\sigma_0 \mu kT\varepsilon_r}{2\sigma_0 \mu kT + \omega^2 L^2 \varepsilon_r \varepsilon_0 e} \\[4mm]
\varepsilon''_{EP}(\omega) = \dfrac{\dfrac{\sigma_0 \omega L^2 e\varepsilon_r}{2} - \varepsilon_r \omega L(2\sigma_0 \mu kT\varepsilon_r \varepsilon_0 e)^{1/2}}{2\sigma_0 \mu kT + \omega^2 L^2 \varepsilon_r \varepsilon_0 e}
\end{cases} \tag{2-31}
$$

若考虑绝缘电介质松弛极化损耗(以工频相对复介电常数虚部表征)以及在低频激励下直流电导引起的损耗，则基于式(2-31)可以得到低频激励下绝缘电介质的介电参数方程：

$$
\begin{cases}
\varepsilon'(\omega) = \varepsilon_r + \dfrac{\varepsilon_r L\left(\dfrac{e\sigma_0^3 \mu kT}{2\varepsilon_r \varepsilon_0}\right)^{1/2} - 2\sigma_0 \mu kT\varepsilon_r}{2\sigma_0 \mu kT + \omega^2 L^2 \varepsilon_r \varepsilon_0 e} \\[4mm]
\varepsilon''(\omega) = \varepsilon''_r + \dfrac{\dfrac{\sigma_0 \omega L^2 e\varepsilon_r}{2} - \varepsilon_r \omega L(2\sigma_0 \mu kT\varepsilon_r \varepsilon_0 e)^{1/2}}{2\sigma_0 \mu kT + \omega^2 L^2 \varepsilon_r \varepsilon_0 e} + \dfrac{\sigma_{DC}}{\omega}
\end{cases} \tag{2-32}
$$

式中，ε''_r 为工频相对复介电常数虚部；σ_{DC} 为绝缘电介质的稳态直流电导率。

根据电介质串并联等效电路，将变压器油纸绝缘系统几何模型划分为如图 2-11 所示的三部分。

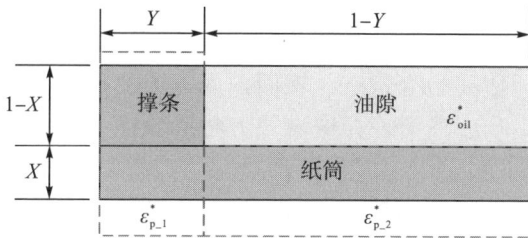

图 2-11　油纸绝缘系统 XY 几何模型划分图

在温度 T 下施加角频率为 ω 的正弦低频交流激励电压，则油纸绝缘系统的介电参数可以表示为

$$\varepsilon^*(\omega, T) = Y\varepsilon^*_{p\_1}(\omega, T) + \dfrac{1-Y}{\dfrac{1-X}{\varepsilon^*_{oil}(\omega, T)} + \dfrac{X}{\varepsilon^*_{p\_2}(\omega, T)}} \tag{2-33}$$

式中，$\varepsilon^*(\omega, T)$ 为油纸绝缘系统的相对复介电常数；$\varepsilon^*_{p\_1}(\omega, T)$ 为与油隙并联部分

的油纸(板)的相对复介电常数；$\varepsilon_{p\_2}^*(\omega,T)$为与油隙串联部分的油纸(板)的相对复介电常数；$\varepsilon_{oil}^*(\omega,T)$为油隙的相对复介电常数。

根据式(2-33)分离得到油纸绝缘系统相对复介电常数实部与虚部表达式为

$$
\begin{cases}
\varepsilon_{tot}'(\omega,T)=Y\varepsilon_p' + \dfrac{(1-Y)(A\varepsilon_o' + B\varepsilon_p')}{(A\varepsilon_o' + B\varepsilon_p')^2 + (A\varepsilon_o'' + B\varepsilon_p'')^2} \\[3mm]
\varepsilon_{tot}''(\omega,T)=Y\varepsilon_p'' + \dfrac{(1-Y)(A\varepsilon_o'' + B\varepsilon_p'')}{(A\varepsilon_o' + B\varepsilon_p')^2 + (A\varepsilon_o'' + B\varepsilon_p'')^2}
\end{cases}
\tag{2-34}
$$

式中，$\varepsilon_{tot}'(\omega,T)$为油纸绝缘系统相对复介电常数实部；$\varepsilon_{tot}''(\omega,T)$为油纸绝缘系统相对复介电常数虚部；$\varepsilon_o'$为油隙相对复介电常数实部；$\varepsilon_o''$为油隙相对复介电常数虚部；$\varepsilon_p'$为油纸相对复介电常数实部；$\varepsilon_p''$为油纸相对复介电常数虚部；$A$、$B$表达式如下：

$$
\begin{cases}
A = \dfrac{1-X}{\varepsilon_o'^{\,2} + \varepsilon_o''^{\,2}} \\[3mm]
B = \dfrac{X}{\varepsilon_p'^{\,2} + \varepsilon_p''^{\,2}}
\end{cases}
\tag{2-35}
$$

综上，式(2-32)与式(2-34)即为本节构建的低频激励下油纸绝缘系统介电参数方程，通过试验测试得到油隙、油纸的相关参数(离子迁移率、电导率等)，然后分别代入式(2-32)则可计算得到低频激励下油隙、油纸(板)各自的相对复介电常数，进而根据式(2-34)可以计算得到油纸绝缘系统低频激励下的介电参数。

2.3.2　试验测试及验证

频域介电谱法在实际工程中是直接测试现场变压器油纸绝缘的介电响应，通过现有的诊断方法评估其绝缘状态。然而国内外相关研究学者实验室内针对建立的油纸绝缘频域介电响应模型或介电参数方程的验证工作均基于人工处理得到的油纸绝缘。

本节通过试验测试得到的频域介电谱进行油纸绝缘系统低频介电参数方程的验证，具体如下。

1)试验试样材料

试验试样材料选用 25#克拉玛依环烷基矿物变压器新油，未老化的变压器纤维素绝缘纸(厚度分别为 0.3mm 与 1mm)。

2)试样预处理

将厚度为 0.3mm 的绝缘纸裁剪成直径为 80mm 的圆形纸片，将厚度为 1mm 的绝缘纸裁剪成内径为 18mm、外径为 80mm 的圆环形纸片。试验前，将变压器油真空脱气，并且将变压器油在 50℃/50Pa 恒温箱中干燥至水分含量为 11ppm（电气性能满足 IEC 60296—2020，变压器油中水分测试参照 IEC 60814—2014），然后存入广口瓶中充入干燥氮气并密封保存。将绝缘纸在 90℃/50Pa 恒温箱中干燥 48h，采用卡尔·费休测试法（梅特勒-托利多 C20 测试仪）测得绝缘纸中水分含量小于 0.5%（水分测试参照 IEC 60814—2014）后存入防潮密封袋中保存。

3）频域介电谱测试

本节试验系统仍采用如图 2-4 所示的三电极系统。为保证试验测试的有效性，在试验测试进行过程中，每组试验均进行五次测试，去掉最高值与最低值，取剩余三组值的平均值。

油纸绝缘系统频域介电谱测试：将 1mm 厚的绝缘纸和 0.3mm 厚的绝缘纸依上下顺序放入三电极系统，然后倒入处理后的变压器油，根据上述绝缘纸尺寸与电极尺寸，本节试验对象的 X 为 0.23，Y 为 0.25。如图 2-12 所示，测试仪器采用 IDAX-300 频域介电响应分析仪，测试频率范围为 $10^{-3}\sim10^{3}$Hz。将试验样品依次静置于 30℃、50℃与 75℃的温度环境中 24h 后测试其频域介电谱。

图 2-12　频域介电响应测试系统

4）初始体电导率测试

根据 2.2.2 节所示的初始体电导率测试方法，依次在 30℃、50℃与 75℃的温度环境中测试本节试验所用油隙、油纸的初始体电导率。

5）稳态直流电导率测试

在三电极测试系统的电压电极与测量电极之间通过数字信号发生器（Agilent 33220A）施加幅值为 10V 的直流电压，电流通过微电流测试仪（HB-321 微电流仪）进行测试，依次在 30℃、50℃与 75℃的温度环境中测试试验所用油隙、油纸的稳态直流电导率。根据标准《绝缘液体　测量电导和电容确定介质损耗因数的试验方法》(GB/T 21216—2007)测试过程中记录 10000s 时刻的电流测试值，则稳态直流电导率可根据式(2-36)计算得到：

$$\sigma_{DC} = \frac{US}{I_{t=10000s}L} \tag{2-36}$$

6) 离子迁移率测试

根据 2.2.2 节所示的离子迁移率测试方法，依次在 30℃、50℃与 75℃的温度环境中测试本节试验所用油隙、油纸的离子迁移率。

图 2-13 为本节测试得到的所用油纸绝缘系统模型的频域介电谱。由图 2-13 可知，随着温度的升高，油纸绝缘频域介电谱曲线向高频移动，并且在低频部分同一频率测试点的测试值亦增大，与文献[40]中所述温度对油纸绝缘系统频域介电响应的影响特征一致。

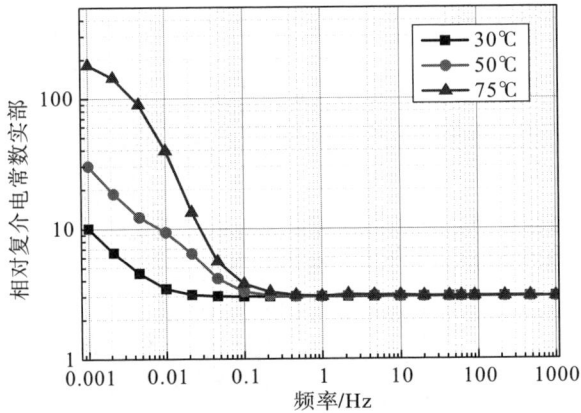

(a) 相对复介电常数实部

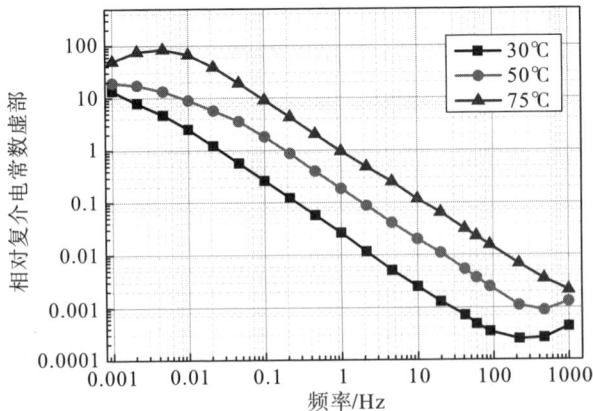

(b) 相对复介电常数虚部

图 2-13　不同温度下油纸绝缘系统频域介电谱

表 2-4 为测试得到的油隙初始体电导率与稳态直流电导率的平均值，表 2-5 为测试得到的油纸初始体电导率与稳态直流电导率的平均值。表 2-6 为测试得到的油隙与油纸离子迁移率的平均值。表 2-4～表 2-6 所示试验结果为每组试验的五次测试计算结果中去掉最高值与最低值，取剩余三组值得到的平均值，最大相对误差表示每组试验的五组测试计算结果与所得平均值之间的相对误差最大值，由表 2-4～表 2-6 可知，每组试验测试计算结果的最大相对误差均在可接受范围内。

表 2-4　油隙初始体电导率与稳态直流电导率的平均值

温度及其最大相对误差	初始体电导率	稳态直流电导率
30℃	3.78×10^{-12}S/m	7.23×10^{-13}S/m
最大相对误差	2.3%	1.9%
50℃	2.78×10^{-11}S/m	3.72×10^{-12}S/m
最大相对误差	2.7%	2.1%
75℃	1.08×10^{-10}S/m	9.72×10^{-12}S/m
最大相对误差	2.5%	2.3%

表 2-5　油纸初始体电导率与稳态直流电导率的平均值

温度及其最大相对误差	初始体电导率	稳态直流电导率
30℃	8.28×10^{-13}S/m	1.23×10^{-14}S/m
最大相对误差	2.6%	2.1%
50℃	2.28×10^{-12}S/m	4.83×10^{-13}S/m
最大相对误差	2.3%	2.3%
75℃	9.28×10^{-11}S/m	3.83×10^{-12}S/m
最大相对误差	2.2%	1.9%

表 2-6　油隙与油纸离子迁移率的平均值

温度及其最大相对误差	油隙离子迁移率	油纸离子迁移率
30℃	6.83×10^{-10}m^2/(V·s)	2.36×10^{-10}m^2/(V·s)
最大相对误差	1.8%	2.1%
50℃	2.42×10^{-9}m^2/(V·s)	1.36×10^{-9}m^2/(V·s)
最大相对误差	2.3%	2.5%
75℃	3.82×10^{-9}m^2/(V·s)	2.36×10^{-9}m^2/(V·s)
最大相对误差	2.6%	1.9%

7) 介电参数方程验证

将表 2-4~表 2-6 中测试得到的油隙与油纸的相关参数(离子迁移率、稳定直流电导率等)代入式(2-32)中可分别得到油隙、油纸在 0.001~1Hz 的相对复介电常数计算值,然后将油隙、油纸相对复介电常数的计算值代入式(2-34)中,计算过程中 X、Y 的值均为试验被测试样的值($X=0.23$,$Y=0.25$),则可得到本节所用油纸绝缘系统在 0.001~1Hz 时的相对复介电常数计算值,如图 2-14 所示。

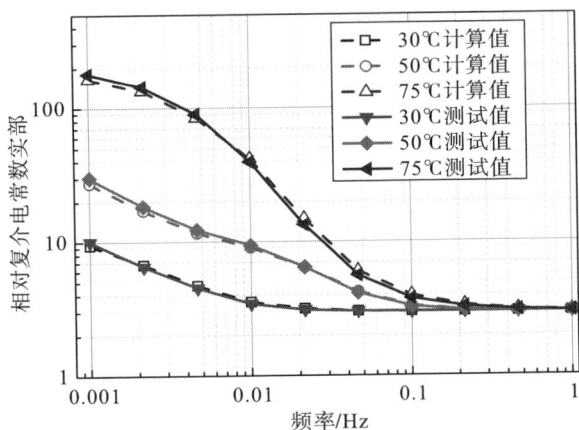

(a) 相对复介电常数实部

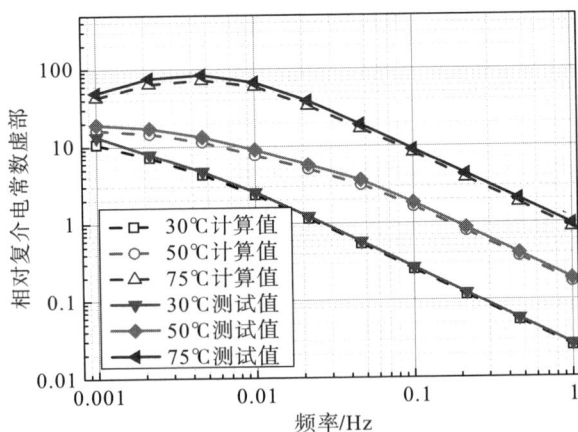

(b) 相对复介电常数虚部

图 2-14　油纸绝缘系统低频介电参数计算值与测试值

由图 2-14 中所示结果可知,油纸绝缘系统在 0.001~1 Hz 各测试频率点的相对复介电常数计算值与测试值的误差均在 3%以内,则计算值能够与试验测试值较好地吻合,因此所建立的介电参数方程能够有效地表征变压器油纸绝缘系统频域介电响应中受电极极化影响的介电参数。

2.4　本　章　小　结

本章针对牵引变压器油纸绝缘频域介电响应测试过程进行了分析与建模介绍，主要结论如下：

(1)频域介电谱测试过程中，载流子主要由外电场作用下杂质离子的电离、复合产生，建立的载流子运动方程与分布模型是有效的、合理的。

(2)频域介电谱测试过程中，平板电极之间的正、负离子浓度的分布是对称的：在带异种电荷的电极附近，正、负离子的浓度分布从电极附近开始由一个高于绝缘介质内部本征离子浓度的值以一定的梯度减小为低于本征离子浓度的值，然后以一定的梯度增加至与本征浓度相等；在同种电荷的电极附近，正、负离子的浓度从电极附近开始由一个低于绝缘介质内部本征离子浓度的值，先以较大的梯度后以较小的梯度增加至与本征离子浓度相等。

(3)建立的牵引变压器油纸绝缘系统低频介电响应模型，油纸绝缘系统介电参数计算值与测试值相符合，建立的介电参数方程能够有效地表征变压器油纸绝缘系统频域介电响应中低频部分的介电参数。

第 3 章 温度对牵引变压器频域
介电谱的影响

在现场进行测试时，为降低温度对测试结果的影响，通常将变压器离线静置，待其内部温度与环境温度平衡后再进行测试，静置时间与变压器容量相关（约6h）。然而，针对牵引变压器，常规检修时间只有"天窗"时间（有效检修时间约2h）。该时间基本可以分为三部分：①检修准备时间；②可测试时间；③准备恢复供电时间。在可测试时间段内牵引变压器内部温度变化明显，其内部温度始终为时变、动态温度场。因此，为了提出适用于牵引变压器的基于频域介电谱法的相关诊断方法，必须首先研究时变温度下油纸绝缘的频域介电响应特性及其校正方法。此外，当现场进行变压器频域介电响应测试时，油纸绝缘系统的温度受天气变化、初始油温、停运时间等多个因素的影响而不同，现场测试表明频域介电谱受测试环境温度的影响较为显著[40]。因此，为了能够更准确地分析测试得到的牵引变压器频域介电谱，首先需要明确时变温度对测试结果的影响特征，并进一步找出消除影响的方法；其次需要明确温度差异对测试结果的影响规律，找出归算至参考温度的方法。

3.1 牵引变压器时变温度下频域介电谱特征分析

3.1.1 试验测试

本节试验中采用图 2-4 所示的三电极系统，电极表面光滑，电压电极直径为40mm，测量电极直径为 24mm，保护电极外径为 40mm，保护电极内径为 30mm，测量电极与保护电极中间绝缘。选用 0.5mm 厚的聚酯薄膜，将薄膜裁成内径为12mm、外径为 40mm 的圆环，保证圆环的内圆处在保护电极上，依此测量电极和电压，若电极之间能够形成厚度为 0.5mm 的密闭油隙，则薄膜圆环边沿泄漏电流将会从保护电极流过，不影响测量电极测试结果。

本节试验材料选用 25#克拉玛依变压器油，试验前将变压器油真空脱气，并且将变压器油在 80℃下干燥至水分含量约为 11ppm（电气性能满足 IEC 60296—2020，变压器油中水分测试参照 IEC 60814—2014）。

电流测试：根据 2.3.2 节所示的电流测试方法，施加频率为 1mHz、幅值为 10V

的交流电压，首先测试温度恒定在 50℃情况下的电流，然后利用温度控制系统控制并测试温度变化如图 3-1 所示三种情况(情况 1、情况 2 与情况 3)下的电流，温度监测采用置于油中的 PT100 传感器，每次测试均包含 3 个周期，测试系统如图 3-2 所示。

频域介电谱测试: 使用 IDAX-300 频域电介质响应分析仪(Megger Group Ltd.)测试 1mHz～1kHz 油隙的介电谱，测试施加电压的幅值为 10V。首先分别测试温度恒定为 50℃、40℃与 30℃情况下的介电谱，然后分别测试温度变化如图 3-1 所示三种变化情况(情况 1，情况 2 与情况 3)下的介电谱。

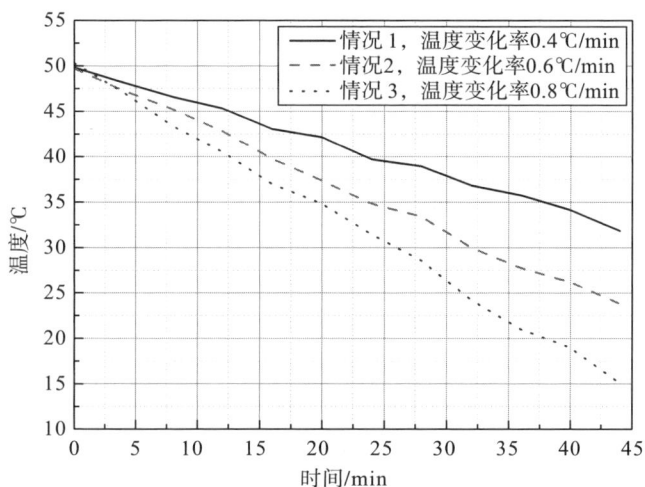

图 3-1　时变温度试验中温度变化图

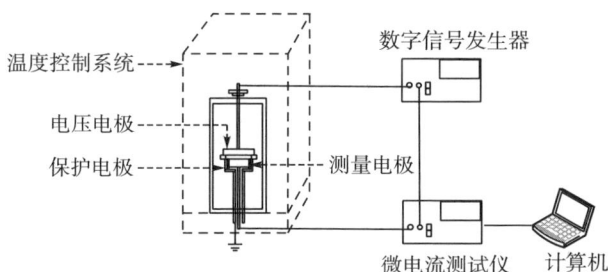

图 3-2　时变温度下微电流测试系统图

3.1.2　特征及影响规律分析

图 3-3 为时变温度下油隙相对复介电常数频域介电谱测试结果。由图 3-3 可知，当测试环境温度为恒定温度(50℃、40℃与 30℃)时，随着温度的升高，相对复介电常数曲线有向高频移动的趋势，与文献[43]中所述温度对油纸绝缘频域介

电响应影响效果一致。此外，由图 3-3 可知，时变温度条件(情况 1、情况 2 与情况 3)下测试结果的高频部分(1kHz~5Hz)与参考温度(50℃)下的测试结果一致；当频率降低至中频部分(5Hz~10mHz)，时变温度条件(情况 1、情况 2 与情况 3)下的测试结果相对于参考温度(50℃)下的测试结果开始出现偏差，并且随着温度变化率的增大，出现偏差的频率点向高频移动；低频部分(10~1mHz)，时变温度条件(情况 1、情况 2 与情况 3)下的测试结果与参考温度(50℃)下的测试结果相比出现明显不一致。

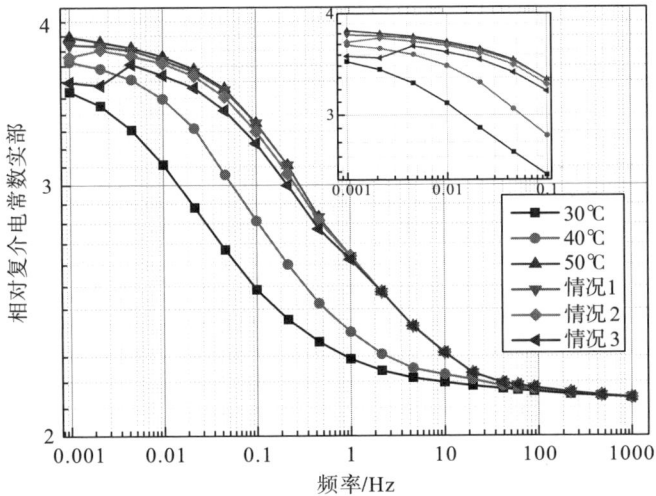

(a) 相对复介电常数实部

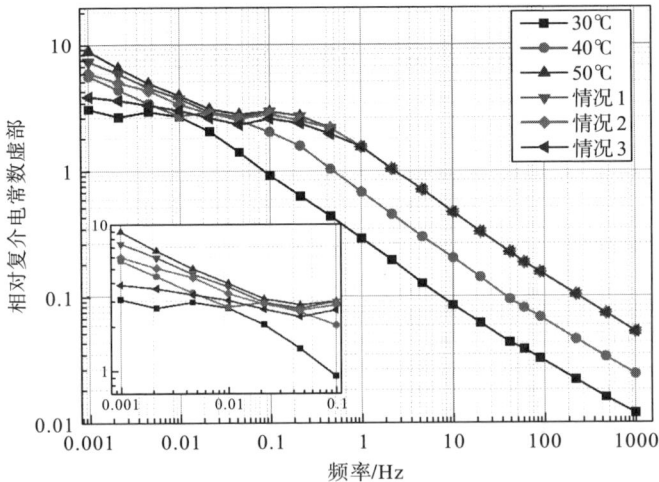

(b) 相对复介电常数虚部

图 3-3 时变温度下油隙相对复介电常数频域介电谱测试结果

　　图 3-4 为时变温度下变压器油隙电流测试结果，图中电压曲线仅包含相位信息与周期信息，无幅值信息。由图 3-4 可知，当试验温度恒定为 50℃时，测试得到电流为正弦且与所施加的电压具有相同的周期；当试验温度为时变状态时，测试得到的电流在幅值及相位上均相对参考温度(50℃)测试结果出现畸变，针对同一温度变化条件下的测试，随着测试时间的增加，畸变越严重，针对同一时刻不同温度变化条件下的测试，随着温度变化率的增大，畸变越严重。

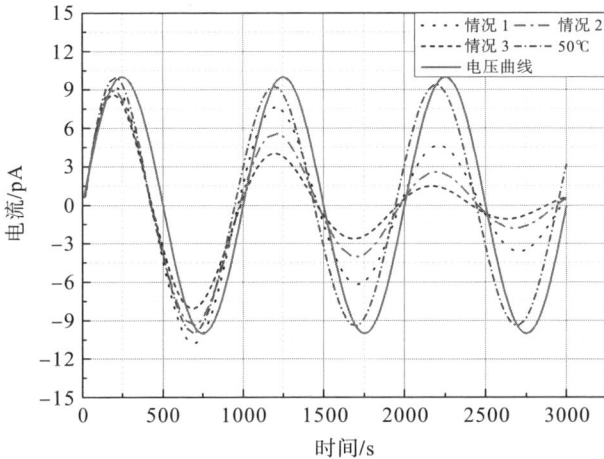

图 3-4　时变温度下变压器油隙电流测试结果

　　考虑到频域介电响应测试是从高频到低频(1kHz～1mHz)的逐点扫频测试，各频率部分对应的所需测试时间如表 3-1 所示。

表 3-1　各频率部分测试所需时间

频率范围	所需时间/min
1kHz～5Hz	2
5Hz～10mHz	5
10～1mHz	27

　　结合表 3-1 与图 3-3 可知，高频部分(1kHz～5Hz)的测试仅需要 2min，在高频部分测试过程中温度的变化非常小，进而在该部分测试过程中温度变化的影响非常小，因此时变温度条件(情况 1、情况 2 与情况 3)下测试结果的高频部分(1kHz～5Hz)与参考温度(50℃)下的测试结果一致；当扫频测试至中频部分(5Hz～10mHz)时，由图 3-3 可知，此时时变温度条件下的温度相对于参考温度(50℃)已经发生明显变化，并且随着温度变化率的增大，温度变化增大，因此在该频率范围内时变温度条件(情况 1、情况 2 与情况 3)下的测试结果相对于参考

温度(50℃)下的测试结果开始出现偏差，并且随着温度变化率的增大，出现偏差的频率点向高频移动；当扫频测试至低频部分(10～1mHz)时，测试频率越低，需要越长的测试时间，因此随着频率的降低，温度变化对频域介电响应测试结果的影响更大。在时变温度条件下进行油隙频域介电响应测试，油隙不能达到热平衡，特别是在低频部分，油隙频域介电响应测试过程中的一些物理量(如离子迁移率、扩散系数等)与温度有直接的关系，因此温度变化对这些物理量的影响会直接导致测试结果(电流与频域介电谱)出现畸变。

对绝缘材料进行频域介电响应测试需要尽可能地保持测试环境温度恒定，通常实验室内进行油纸绝缘频域介电响应测试时要求温度变化ΔT不超过 2℃。根据本节时变温度条件下的温度变化率(情况 1-0.4℃/min，情况 2-0.6℃/min，情况 3 -0.8℃/min)，则可计算得到各时变温度条件下温度变化超过 2℃所需要的时间Δt依次为：情况 1-5min、情况 2-3.3min、情况 3-2.5min，而Δt的大小限定了有效测试(未发生明显畸变)的截止频率 $f=1/\Delta t$，则可计算得到本节所述各时变温度条件下有效测试的截止频率依次为：情况 1-3mHz、情况 2-5mHz、情况 3-6mHz，计算得到的截止频率与图 3-3 中所示的各时变温度条件下出现明显畸变的频率相符。

3.2　牵引变压器频域介电谱测试的时变温度影响校正

3.2.1　校正方法研究

由第 2 章所述的变压器油隙低频介电响应模型及验证过程可知，若模型中各未知参数(稳态直流电导率与离子迁移率)的具体值被确定，则每个频率点的测试电流可以通过仿真得到。实际工程中由于检修时间有限，各未知参数的值不能通过试验测试确定，因此校正方法必须能够适用于现场测试，即校正方法中模型参数的确定是可以直接根据测试结果得到的。由图 3-4 可知，时变温度条件(情况 1、情况 2 与情况 3)下测试结果的高频部分(1kHz～5Hz)与参考温度(50℃)下的测试结果一致，在该频率部分温度变化的影响可以忽略，可以认为时变温度下该频率部分的测试始终处于参考温度(50℃)下。考虑到在油隙频域介电响应测试过程中，油隙中离子从一个电极运动至另一个电极所需时间为几十毫秒，则取高频部分中 10～1Hz 部分的测试结果为处理对象用来确定模型参数。为了阐述简便与清楚，下面将以时变温度条件 1(情况 1)的测试结果为例具体阐述校正方法的步骤。

第一步：计算电流幅值与相位角。

由电介质理论可知，介质损耗角δ的余角即电流相对于电压的相位角，介质损耗角的正切值与频域介电谱的测试结果(复电容)有如下关系：

$$\tan\delta(\omega) = \frac{C''(\omega)}{C'(\omega)} \tag{3-1}$$

式中，ω 为角频率。因此，每一个测试频率点的电流相位角 $\varphi(\omega)$ 可以计算如下：

$$\varphi(\omega) = \arctan\frac{C'(\omega)}{C''(\omega)} \tag{3-2}$$

绝缘电介质的复电容 C^* 与阻抗 Z 有如下关系：

$$Z = \frac{1}{\mathrm{j}\omega C^*} = \frac{1}{\mathrm{j}\omega(C' - \mathrm{j}C'')} \tag{3-3}$$

阻抗 Z 又可根据式(3-4)计算得到：

$$Z = \frac{\dot{U}}{\dot{I}} = \frac{U}{I}\cos\varphi + \mathrm{j}\frac{U}{I}\sin\varphi \tag{3-4}$$

式中，U 为测试施加测试电压 $u(t)$ 的幅值；I 为测试得到电流 $i(t)$ 的幅值。

联立式(3-3)与式(3-4)可得，每个测试频率点的电流幅值 $I(\omega)$ 的计算式如下：

$$I(\omega) = \frac{\omega U[C'(\omega) + C''(\omega)]}{\sin\varphi(\omega) + \cos\varphi(\omega)} \tag{3-5}$$

以时变温度条件情况 1 下的测试结果为例，通过式(3-2)与式(3-4)可以计算得到该时变温度条件下 10～1Hz 范围内每个测试频率点的电流幅值与相位角，如表 3-2 所示。

表 3-2　时变温度条件情况 1 下 10～1Hz 内各测试频率点的电流幅值与相位角

参数	10Hz	4.642Hz	2.154Hz	1Hz
φ/rad	1.368	1.284	1.183	1.045
I/nA	11.63	5.79	2.95	1.59

第二步：得到各频率点的稳态直流电导率与离子迁移率。

通过第一步中得到的每个频率点电流的幅值与相位角，可以确定每个频率点的电流波形曲线，进而以本书第 2 章中提出的油隙介电响应仿真模型为基础，可以通过仿真拟合得到每个频率点的稳态直流电导率与离子迁移率。各频率点拟合过程中稳态直流电导率与离子迁移率数值均在物理值有效范围内选取，并且以式(3-6)为最优选择条件：

$$M(\omega) = \left[I_{\mathrm{fit}}(\omega) - I_{\mathrm{cal}}(\omega)\right]^2 + \left[\varphi_{\mathrm{fit}}(\omega) - \varphi_{\mathrm{cal}}(\omega)\right]^2 \tag{3-6}$$

式中，$I_{\mathrm{fit}}(\omega)$ 为拟合得到的电流幅值；$I_{\mathrm{cal}}(\omega)$ 为计算得到的电流幅值；$\varphi_{\mathrm{fit}}(\omega)$ 为拟合得到的电流相位角；$\varphi_{\mathrm{cal}}(\omega)$ 为计算得到的电流相位角。当每个频率点得到的 $M(\omega)$ 最小时，可认为拟合得到的稳态直流电导率与离子迁移率为该频率点对应的最优参数值。

以时变温度条件情况 1 下的测试结果为例，可以拟合得到该时变温度条件下 10～1Hz 内每个测试频率点的稳态直流电导率与离子迁移率最优参数值，如表 3-3 所示。

表 3-3   时变温度条件情况 1 下 10～1Hz 内各频率点稳态直流电导率与离子迁移率最优参数值

参数	10Hz	4.642Hz	2.154Hz	1Hz
$\sigma_{DC}/(S/m)$	1.24×10^{-12}	1.17×10^{-12}	1.28×10^{-12}	1.26×10^{-12}
$\mu/[m^2/(V\cdot s)]$	3.91×10^{-9}	3.87×10^{-9}	3.93×10^{-9}	3.95×10^{-9}

第三步：依据优化目标函数获得最佳模型参数组合。

对表 3-3 所示参数值进行排列组合可以得到 16 组不同的离子迁移率、稳态直流电导率参数值。将 16 组参数值组合分别代入油隙介电响应仿真模型，则可以仿真得到每组参数值下各频率点的电流幅值 $I(\omega)$ 与相位角 $\varphi(\omega)$。

联立式(3-3)与式(3-4)可得 10～1Hz 内各频率点复电容的计算式如下：

$$\begin{cases} C'(\omega)=\dfrac{I(\omega)\sin\varphi(\omega)}{\omega U} \\ C''(\omega)=\dfrac{I(\omega)\cos\varphi(\omega)}{\omega U} \end{cases} \tag{3-7}$$

建立如式(3-8)所示的目标优化函数，H 值最小时对应的参数组合为最优参数组合：

$$H=\min\left\{\sum_{i=1}^{n}\left[C'(\omega_i)-C_0'(\omega_i)\right]^2+\left[C''(\omega_i)-C_0''(\omega_i)\right]^2\right\} \tag{3-8}$$

式中，$C'(\omega_i)$ 与 $C''(\omega_i)$ 分别为计算得到的第 i 个测试频率点的相对复电容实部与虚部；$C_0'(\omega_i)$ 与 $C_0''(\omega_i)$ 分别为测试得到的第 i 个测试频率点的相对复电容实部与虚部。

以时变温度条件情况 1 下的测试结果为例，基于表 3-3 所示数据，可以得到该时变温度条件下最优参数组合如表 3-4 所示。

表 3-4   时变温度条件情况 1 下最优参数组合

参数	值
$\sigma/(S/m)$	1.24×10^{-12}
$\mu/[m^2/(V\cdot s)]$	3.93×10^{-9}

第四步：基于最优参数组合与仿真模型得到校正结果。

将第三步中得到的最优参数组合代入油隙介电响应仿真模型，则通过仿真与计算可以得到时变温度条件下测试结果畸变部分的校正值。图 3-5 为本节时变温度条件(情况 1、情况 2 与情况 3)下的测试结果的校正值,通过比较校正后的曲线与参考值,可以看出校正后的结果与在 50℃下测试的结果一致,校正有效。

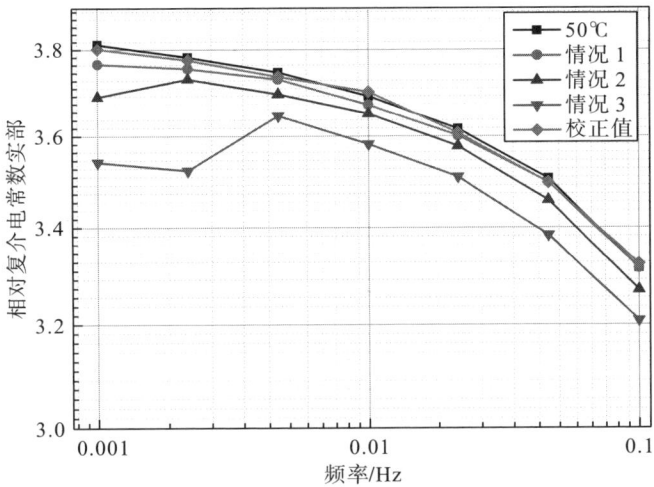

(a) 相对复介电常数实部

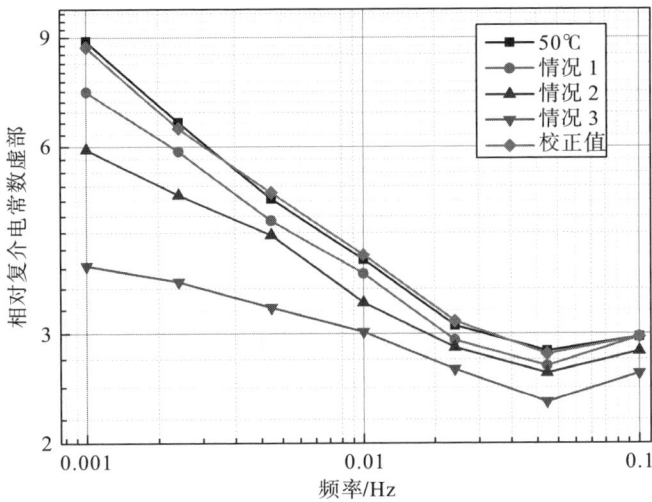

(b) 相对复介电常数虚部

图 3-5　时变温度条件下测试结果的校正值

3.2.2　试验测试及验证

为了进一步验证 3.2.1 节中提出的时变温度下油隙频域介电响应测试校正方法,本节采用不同老化程度的绝缘油样品(90℃真空条件下老化 2 个月与老化 3 个月)进行试验,对提出的校正方法进行验证。经试验材料预处理,样品的含水量基本相同，试验温度的初始值(参考温度)均为70℃，温度变化率约为0.6℃/min。

　　图 3-6 为不同老化程度绝缘油时变温度条件下频域介电谱测试结果与校正结果，相对于参考温度条件下的测试结果，时变温度条件下的测试结果在中、低频部分发生畸变，校正结果与参考温度下测试结果基本一致。因此，可以得出结论：根据提出的校正方法能够修正时变温度条件下的测试结果。

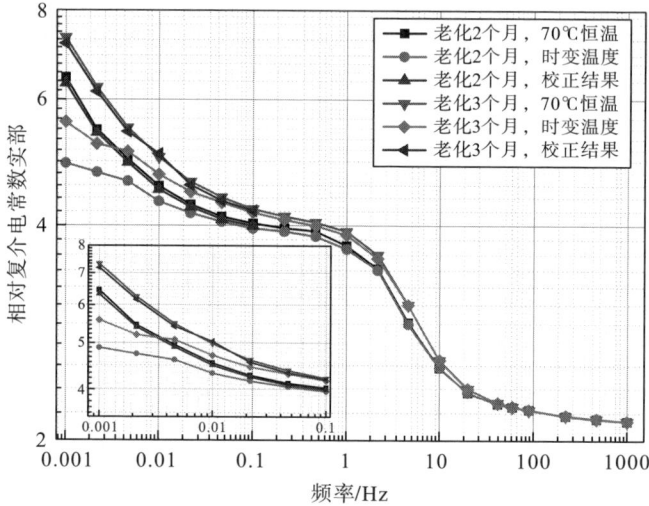

(a) 相对复介电常数实部

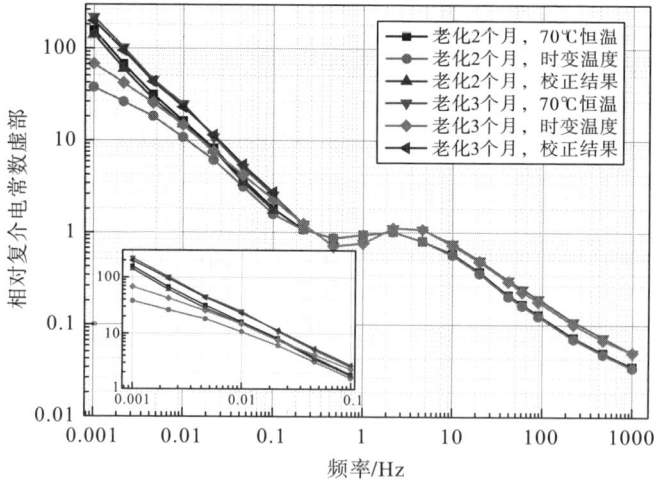

(b) 相对复介电常数虚部

图 3-6　不同老化程度绝缘油时变温度条件下频域介电谱测试结果与校正结果

3.3　温度差异对牵引变压器频域介电谱测试的影响

3.3.1　试验测试及分析

本节试验研究所用材料为 25#克拉玛依变压器矿物绝缘油。试验前将变压器油真空脱气，并且将变压器油在 50℃/50Pa 环境下干燥至水分含量为 11ppm(电气性能满足 IEC 60296—2020，变压器油中水分测试参照 IEC 60814—2014)。将试验试样分为 A、B、C 三组：A 组试样存入广口瓶中充入干燥氮气并密封保存；B 组试样置于玻璃烧杯中并放入 90℃/50Pa 温度箱内，真空热老化 2 个月，老化处理完成后试样存入广口瓶中充入干燥氮气并密封保存；C 组试样置于玻璃烧杯中并放入 90℃/50Pa 温度箱内，真空热老化 6 个月，老化处理完成后试样存入广口瓶中充入干燥氮气并密封保存。整个操作过程中为了避免空气中水分对各组试样的影响，应尽量快速操作，保证试样与空气接触的时间不超过 1min。

本节试验中采用三电极系统，电极表面光滑，如图 2-4 所示。油隙的厚度为 0.5mm，直径为 12mm，绝缘环外径为 40mm，以减小沿绝缘环的泄漏电流。测试过程中，利用温度箱调节不同测试环境温度，每组试样分别在 30℃、45℃、65℃ 环境下进行测试，并且每次测试前将测试装置(含试样)在预测试温度环境中静置 12h，使油隙达到热平衡。如图 3-7 所示，利用 IDAX-300 频域介电响应分析仪测试 A、B、C 三组变压器油试样的交流电导率频域谱，测试频率范围为 $10^{-3}\sim10^{3}$Hz。

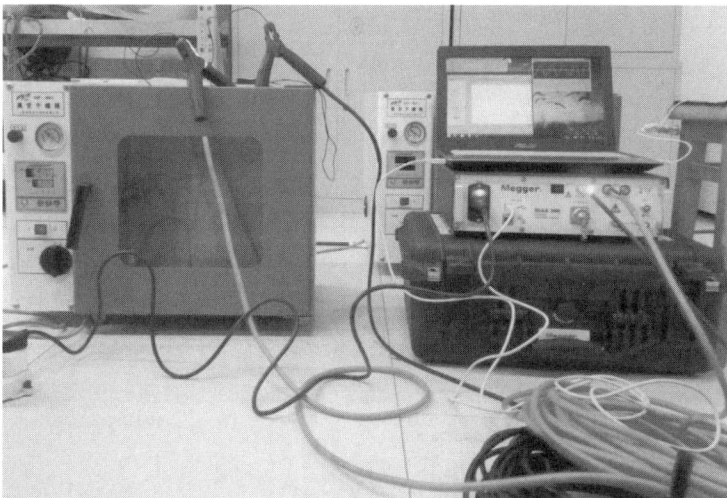

图 3-7　油隙频域介电谱测试示意图

3.3.2　规律归纳及证明

依据上述试验，测得 A、B、C 三组不同老化试样在 30℃、45℃、65℃环境温度下的电导率频域谱如图 3-8 所示。

由图 3-8 可知，三组试样的电导率频域谱图（$\log f$–$\log \sigma'$）在高频阶段均随着频率的减小而近似线性下降，然后随着频率减小出现斜率较大的下降区间，最后在低频阶段，随着频率的减小 $\log \sigma'$ 逐渐趋于恒定值。根据电介质弛豫定律[44,45]，测得的油隙电导率 $\sigma'(\omega)$ 可以表示如下：

$$\sigma'(\omega) \propto \omega^n \tag{3-9}$$

式中，$0 < n < 1$，且在高频部分 n 趋近于 1，低频部分 n 趋近于 0，同一老化状态样品的 n 值相同[40]。所以，电导率频域谱（$\log f$–$\log \sigma'$）在高频阶段均随着频率的减小而近似线性下降，在低频阶段随着频率的减小 $\log \sigma'$ 逐渐趋于恒定值。由图 3-8 可知，同组试样电导率频域谱中各频率点的电导率随着测试环境温度的升高而增大，并且不同温度下测试得到的电导率频域谱有随着温度的升高而向高频移动的趋势。

综上，温度对油隙电导率频域谱的作用效果可归纳如下：能够分解为沿 $\log \sigma'$ 轴方向的作用(各频率点电导率随温度的升高而增大)和沿 $\log f$ 轴方向的作用(交流电导率频域谱随着温度的升高而向高频移动)。

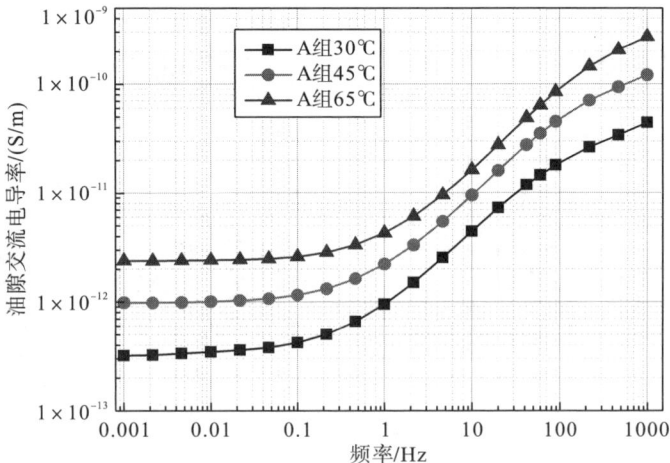

(a) A组试样测试结果

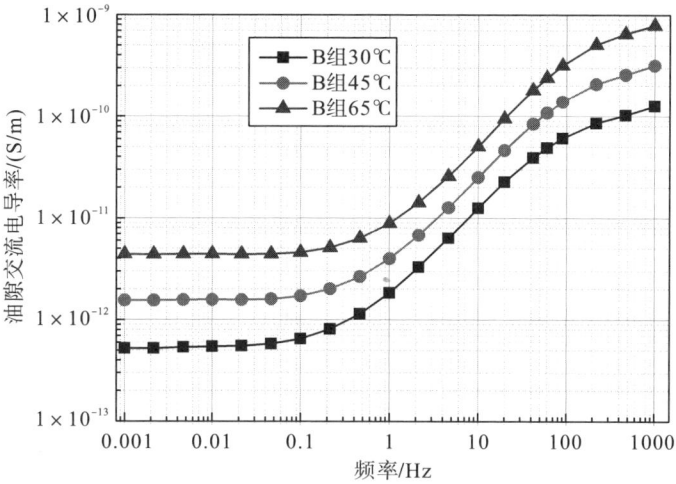

(b) B组试样测试结果

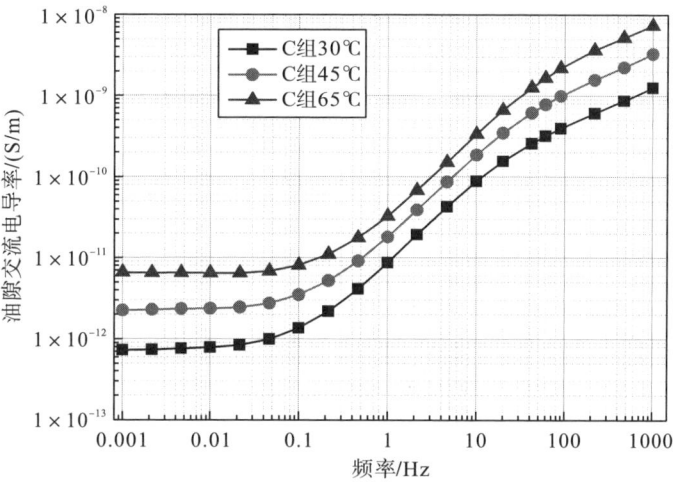

(c) C组试样测试结果

图 3-8　三组试样交流电导率频域谱

为证明归纳出的温度对频域介电谱影响规律的正确性，进行如下工作：

定义 $S(f)$ 为油隙电导率频域谱 $\log f$–$\log \sigma'$ 曲线的斜率函数，则 $S(f)$ 可表示为

$$S(f) = \frac{d(\log \sigma')}{d(\log f)} \tag{3-10}$$

因为试验测试结果中只包括有限的测试频率点，为了能够有效地获得油隙电导率频域谱（$\log f$–$\log \sigma'$）的斜率曲线，应该首先对图 3-8 所示 A 组交流电导率频域谱 $\log f$–$\log \sigma'$ 曲线进行多项式拟合，拟合结果如表 3-5 所示，为书写方便，表 3-5 中 y 表示 $\log \sigma'$、x 表示 $\log f$。

表 3-5　A 组试样交流电导率频域谱曲线多项式拟合

温度/℃	拟合多项式	R^2
30	$y=1.2\times10^{-3}x^5-0.0087x^4-0.0316x^3+0.138x^2+0.5418x-12.004$	0.9996
45	$y=-7\times10^{-5}x^5-0.0098x^4-0.0137x^3+0.1592x^2+0.4738x-11.639$	0.9996
65	$y=-9\times10^{-4}x^5-0.01x^4+0.0014x^3+0.1714x^2+0.4012x-11.355$	0.9997

　　根据表 3-5 中拟合结果可得不同温度下 A 组试样的 $S(f)$ 曲线如图 3-9 所示。由图 3-9 可知：不同温度下 A 组试样的 $S(f)$ 曲线变化趋势一致，在高频处均保持一致不变，随着频率的减小，斜率逐渐增大并出现最大值 $S_{max}(f)$，之后逐渐减小至 0；不同温度的 $S(f)$ 曲线在高频处的稳定值相等，各温度对应的 $S_{max}(f)$ 值也近似相等；随着测试环境温度的升高，$S(f)$ 曲线向高频移动。

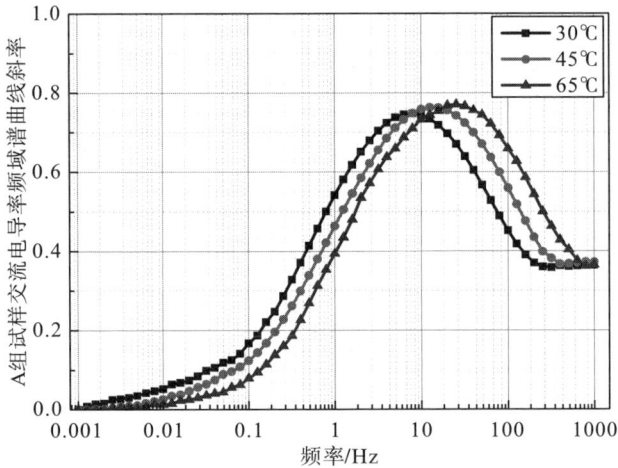

图 3-9　A 组试样交流电导率频域谱曲线斜率

　　油隙电导的弛豫时间与温度的关系如下：

$$\tau(T)=\tau_0\exp\frac{\Delta E_1}{kT} \tag{3-11}$$

式中，T 为环境温度，K；τ_0 为电导弛豫时间的指前函数；ΔE_1 为电导弛豫过程活化能；$k=8.617\times10^{-5}$eV/K，为玻尔兹曼常数。同一老化状态样品不同温度下的电导弛豫时间与频率有如下关系[44]：

$$f_{T_1}\times\tau(T_1)=f_{T_2}\times\tau(T_2)=A_f \tag{3-12}$$

式中，A_f 为定值，仅与老化状态、频率有关；f_{T_1} 为温度 T_1 时 A_f 对应的频率；f_{T_2} 为温度 T_2 时 A_f 对应的频率。以三组温度下 $S_{max}(f)$ 所对应的频率点 f_0 为参考点，联立式(3-11)与式(3-12)可得变压器油电导弛豫过程活化能 ΔE_1 的计算式为

$$\Delta E_1 = \frac{k}{1/T_1 - 1/T_2}\left(\ln f_0\big|_{T=T_2} - \ln f_0\big|_{T=T_1}\right) \tag{3-13}$$

由图 3-9 可知，A 组试样三组温度下 $S_{\max}(f)$ 所对应的频率点 f_0 如表 3-6 所示，由式 (3-13) 与表 3-6 可得到，A 组试样电导弛豫过程活化能为 0.346eV。

表 3-6　A 组试样电导率频域谱斜率最大值点的频率

温度/℃	$S_{\max}(f)$ 所对应的频率点 f_0/Hz
30	6.26
45	12.03
65	25.31

以 T_{ref} 为参考温度，根据式 (3-11) 与式 (3-12) 可以得到温度 T 下，各测试频率点在 T_{ref} 温度下对应频率点的计算式：

$$f(T_{\mathrm{ref}}) = f(T)\exp\left(\frac{\Delta E_1}{kT} - \frac{\Delta E_1}{kT_{\mathrm{ref}}}\right) \tag{3-14}$$

则可知对温度 T 下油隙电导率频域谱进行沿 $\log f$ 轴方向平移的表达式为

$$\sigma[T_{\mathrm{ref}}, f(T_{\mathrm{ref}})] = \sigma[T, f(T)]\bigg|_{f(T_{\mathrm{ref}})=f(T)\exp\left(\frac{\Delta E_1}{kT} - \frac{\Delta E_1}{kT_{\mathrm{ref}}}\right)} \tag{3-15}$$

以 30℃ 为参考温度，依据式 (3-15) 可将如图 3-9 所示的 45℃、65℃ 环境下测试得到的 A 组试样油隙电导率频域谱沿 $\log f$ 轴方向进行平移，结果如图 3-10 所示。

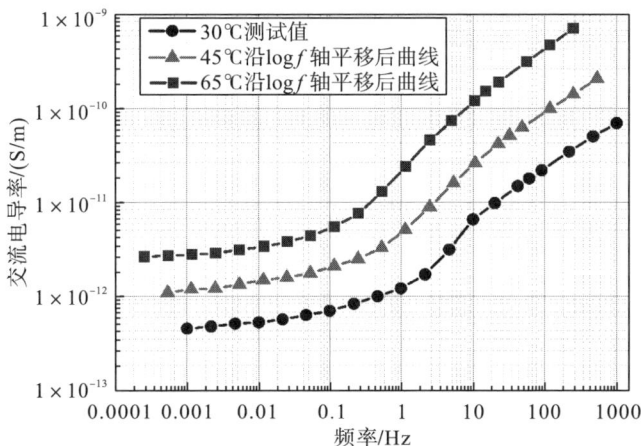

图 3-10　A 组试样交流电导率频域谱沿 $\log f$ 轴平移

油隙电导率与环境温度的关系如下[44]：

$$\sigma(T) = A\exp\left(-\frac{\Delta E_2}{kT}\right) \tag{3-16}$$

式中，A 为指前参数，同试样、同频率下为定值；ΔE_2 为油隙电导活化能。则根据式(3-16)可得变压器油隙电导活化能的计算式为

$$\Delta E_2 = \frac{k}{1/T_1 - 1/T_2}\left\{\ln\left[\sigma(T_2)\right] - \ln\left[\sigma(T_1)\right]\right\} \tag{3-17}$$

式中，T_1、T_2 为两个不同的测试环境温度。根据式(3-17)与图 3-10 所示沿 $\log f$ 轴平移后的 A 组试样电导率频域谱，可得到 A 组试样的电导活化能为 0.548eV。

综上，可以得到温度 T 下油隙电导率频域谱向参考温度 T_{ref} 进行平移(包括 $\log f$ 轴与 $\log \sigma'$ 轴方向)的表达式为

$$\sigma[T_{\text{ref}}, f(T_{\text{ref}})] = A\exp\left(-\frac{\Delta E_2}{kT_{\text{ref}}}\right)\bigg|_{f(T_{\text{ref}})=f(T)\exp[\Delta E_1/(kT)-\Delta E_1/(kT_{\text{ref}})]} \tag{3-18}$$

根据式(3-18)与图 3-10，可将图 3-10 所示沿 $\log f$ 轴平移后的结果再沿 $\log \sigma'$ 轴方向进行平移，结果如图 3-11 所示。由图 3-11 中数据可知，45℃、65℃环境下测试结果平移后得到的电导率频域谱与 30℃环境下测试得到的电导率频域谱能够较好地相符合，各试验测试点的数值误差在 5%以内，在可接受范围之内，说明 45℃、65℃下测试得到的 A 组试样交流电导率频域谱经过平移后能够有效得到参考温度 30℃下的试样交流电导率频域谱。

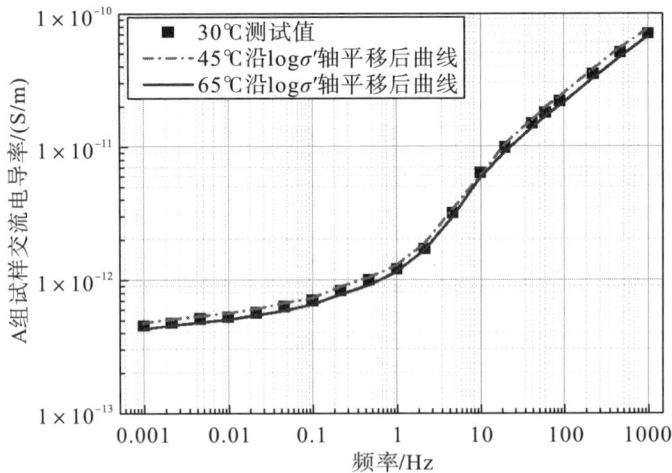

图 3-11　A 组试样交流电导率频域谱沿 $\log \sigma'$ 轴平移

3.4　牵引变压器频域介电谱测试参考温度归算方法

3.4.1　归算方法研究

在频域介电谱测试过程中，载流子迁移率、扩散系数等物理参量与温度有直接的量化关系，而上述物理参量又直接决定了绝缘介质的电导率，因此电导率能够较直观地表征温度对绝缘频域介电响应的影响。频域介电谱测试过程中其内部极化弛豫过程满足 Debye 方程：

$$\varepsilon'(\omega) = \varepsilon_r + \frac{\left(\dfrac{L}{2L_D} - 1\right)\varepsilon_r}{1 + \omega^2\tau^2} \tag{3-19}$$

$$\varepsilon''(\omega) = \frac{\omega\tau\left(\dfrac{L}{2L_D} - 1\right)\varepsilon_r}{1 + \omega^2\tau^2} \tag{3-20}$$

式中，$\varepsilon'(\omega)$、$\varepsilon''(\omega)$ 分别为相对复介电常数的实部与虚部；ω 为外施激励的角频率；τ 为油隙介电响应弛豫时间；ε_r 为变压器油工频相对介电常数；L 为油隙厚度；L_D 为油隙介电响应的德拜长度。由式(3-19)、式(3-20)可知

$$\varepsilon'(\omega) = \varepsilon_r + \frac{\varepsilon''(\omega)}{\omega\tau} \tag{3-21}$$

根据式(3-20)与测试得到的绝缘相对复介电常数频域谱可得 τ 的计算式为

$$\tau = \sqrt{\frac{\omega_1\varepsilon''(\omega_2) - \omega_2\varepsilon''(\omega_1)}{\omega_2\omega_1^2\varepsilon''(\omega_1) - \omega_1\omega_2^2\varepsilon''(\omega_2)}} \tag{3-22}$$

式中，ω_1、ω_2 为相对复介电常数频域谱中两个测试点的角频率；$\varepsilon''(\omega_1)$、$\varepsilon''(\omega_2)$ 为对应角频率下相对复介电常数虚部。由 Jonscher 普适弛豫定律可知，绝缘介质电导率 $\sigma(\omega)$ 可以表示为

$$\sigma(\omega) = \sigma'(\omega) + i\sigma''(\omega) \tag{3-23}$$

式中，$\sigma'(\omega)$、$\sigma''(\omega)$ 分别为电导率实部与虚部。由 IDAX-300 频域介电响应分析仪的说明手册可知，电导率频域谱测试结果实际为 $\sigma'(\omega)$，$\sigma'(\omega)$ 与 $\varepsilon''(\omega)$ 有如下关系：

$$\varepsilon''(\omega) = \frac{\sigma'(\omega)}{\varepsilon_0\omega} \tag{3-24}$$

将式(3-22)、式(3-24)代入式(3-21)可得

$$\varepsilon'(\omega) = \varepsilon_r + \frac{\omega_1\omega_2\sigma'(\omega)}{\omega^2\varepsilon_0}\sqrt{\frac{\sigma'(\omega_1) - \sigma'(\omega_2)}{\omega_1^2\sigma'(\omega_2) - \omega_2^2\sigma'(\omega_1)}} \tag{3-25}$$

综上，相对复介电常数与其测试得到的交流电导率有如下关系：

$$\begin{cases} \varepsilon'(\omega) = \varepsilon_r + \dfrac{\omega_1\omega_2\sigma'(\omega)}{\omega^2\varepsilon_0}\sqrt{\dfrac{\sigma'(\omega_1) - \sigma'(\omega_2)}{\omega_1^2\sigma'(\omega_2) - \omega_2^2\sigma'(\omega_1)}} \\[4mm] \varepsilon''(\omega) = \dfrac{\sigma'(\omega)}{\varepsilon_0\omega} \end{cases} \tag{3-26}$$

将电导率作为中间过程量，依据推导得到的相对复介电常数与电导率的关系以及 3.3.3 节提出的归算式，可以得到将温度 T_1、T_2 下测试得到的频域介电谱归算至温度 T_{ref} 的步骤如下。

(1) 对温度 T_1、T_2 下测试得到的电导率频域谱进行多项式拟合；

(2) 通过拟合出的多项式分别求取温度 T_1、T_2 下电导率频域谱的最大斜率处频率值 f_{T_1}、f_{T_2}；

(3) 依据式(3-13)与 f_{T_1}、f_{T_2} 计算电导弛豫过程的活化能 ΔE_1；

(4) 依据式(3-14)计算 T_1、T_2 温度下各测试频率点在 T_{ref} 温度下对应的频率点；

(5) 依据式(3-15)将 T_1、T_2 温度各测试频率点的电导率值进行沿 $\log f$ 轴方向的平移，具体为：将各测试频率点的电导率平移至步骤(4)中得到 T_{ref} 温度下对应的频率点，完成沿 $\log f$ 轴方向的平移；

(6) 根据式(3-17)与步骤(5)得到的经过沿 $\log f$ 轴方向平移后的 T_1、T_2 交流电导率频域谱，计算油隙电导活化能 ΔE_2；

(7) 根据式(3-16)计算经过沿 $\log f$ 轴方向平移后的 T_1、T_2 交流电导率频域谱的各测试频率点的电导率在 T_{ref} 温度下的对应值；

(8) 依据式(3-18)，基于步骤(5)得到经过沿 $\log f$ 轴方向平移后的 T_1、T_2 电导率频域谱，进行沿 $\log\sigma'$ 轴方向的平移，具体为：将步骤(5)得到等效交流电导率频域谱的各测试频率点的值平移至步骤(7)计算得到的 T_{ref} 温度下的对应值，完成 $\log\sigma'$ 轴方向的平移；

(9) 依据式(3-26)与步骤(8)中得到的归算到参考温度下的电导率频域谱，得到参考温度下相对复介电常数频域谱。

3.4.2　归算方法证明

为证明归算方法的正确性，具体方法如下：

根据 3.4.1 节所述的归算步骤，以 30℃ 为参考温度，将 45℃、65℃ 环境下测试得到的 B 组、C 组试样的频域介电谱分别归算至 30℃，结果如图 3-12 所示。由图 3-12 可知，采用本节所提出的归算步骤，能够有效地将 45℃、65℃ 环境下测试得到的 B 组、C 组试样的频域介电谱分别归算至 30℃。

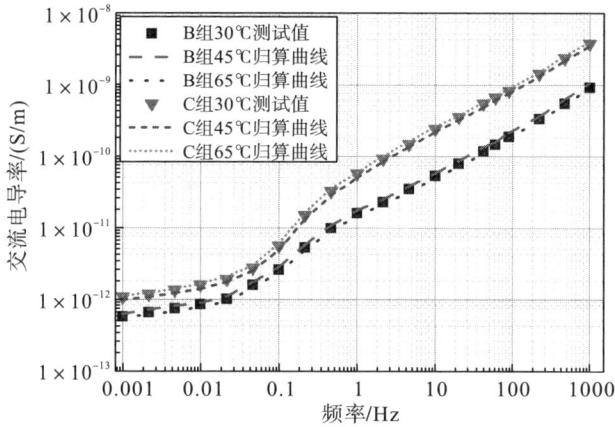

(a) 交流电导率频域谱

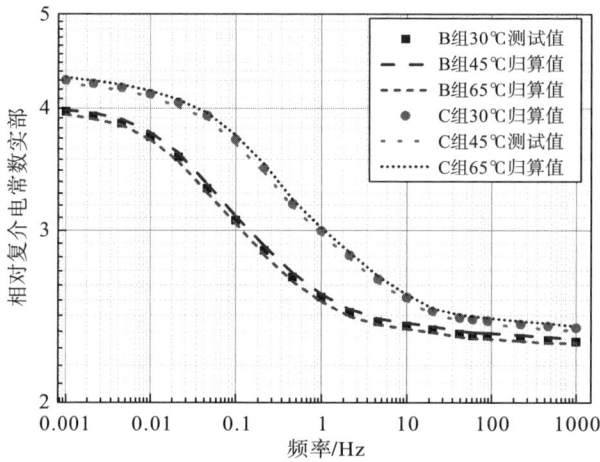

(b) 相对复介电常数实部

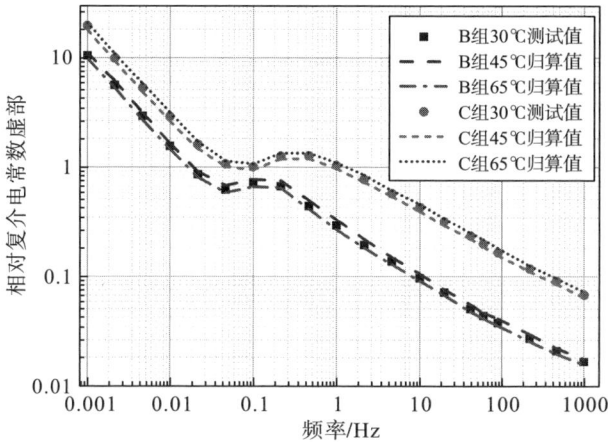

(c) 相对复介电常数虚部

图 3-12　B 组、C 组试样频域介电谱归算至 30℃

3.5　本　章　小　结

本章针对温度对牵引变压器绝缘频域介电谱的影响进行了研究，具体结论如下：

(1) 时变温度条件下绝缘介质高频部分(1kHz～5Hz)的测试结果与参考结果(恒定为初始温度条件下的测试结果)相一致；在中频部分(5Hz～10mHz)的测试结果相对于参考结果开始出现偏差，并且随着温度变化率的增大，出现偏差的频率点向高频移动；在低频部分(10～1mHz)的测试结果相对于参考结果开始出现明显的畸变，有效测试结果(未发生明显畸变)的截止频率 f 符合 $f = dT/120$(式中 dT 为温度变化率，单位℃/min)。

(2) 提出了一种时变温度下绝缘介质频域介电响应测试结果的校正方法，通过提出的校正方法能够有效地修正时变温度条件下的测试结果，且该校正方法中参数的确定是直接根据测试结果得到的，无须其他附加试验测试。

(3) 温度对绝缘介质电导率频域谱的作用效果可分解为沿 $\log f$ 轴方向的作用(交流电导率频域谱随着温度的升高而向高频移动)和沿 $\log \sigma'$ 轴方向的作用(各频率点电导率随温度的升高而增大)，据此提出了式(3-18)所示的由温度 T 下的绝缘介质电导率频域谱向参考温度 T_{ref} 归算的式子。

(4) 绝缘介质的相对复介电常数与其测试得到的电导率有如式(3-26)所示的关系，依据提出的归算方法能够有效地将不同温度下测试得到的频域介电谱归算到参考温度。

第 4 章　基于频域介电谱的牵引变压器绝缘状态评估

第 3 章介绍了温度对牵引变压器频域介电响应的影响及归算方法，可有效地将不同温度下测试得到的牵引变压器频域介电谱归算到参考温度，这对牵引变压器绝缘状态评估奠定了理论基础及技术基础，本章开始基于频域介电谱对牵引变压器绝缘老化、绝缘受潮状态进行试验，并分析老化、受潮对频域介电谱的影响，分析不均匀热老化对油纸绝缘水分含量评估的影响，找出受潮状态与频域介电谱的映射关系，最后介绍牵引变压器绝缘状态评估系统。

4.1　不均匀热老化对状态评估影响规律

4.1.1　试验测试

本节试验材料选用 25#克拉玛依环烷基矿物变压器新油，未老化的变压器纤维素绝缘纸厚度为 0.3mm，为方便试验操作，将绝缘纸裁成直径为 8cm 的圆形纸片。本节试验材料处理及相关试验流程如图 4-1 所示，在试验材料处理的相关操作过程中，为了避免空气中水分对各组试样的影响，应尽量快速操作，保证试样与空气接触的时间不超过 1min。

1. 试验材料及其预处理

首先需要对变压器油真空脱气，并且将变压器油在 50℃/50Pa 恒温箱中干燥至水分含量约为 9ppm（电气性能满足（IEC 60296—2020）），变压器油中水分测试参照 IEC 60814—2014，然后存入广口瓶中充入干燥氮气并密封保存。将绝缘纸在 90℃/50Pa 恒温箱中干燥 48h，采用梅特勒-托利多 C20 测试仪进行卡尔·费休滴定测试，测得绝缘纸中水分含量为 0.53%（水分测试参照 IEC 60814—2014），然后存入防潮密封袋中保存。

2. 加速热老化试验

将绝缘纸片浸入装有绝缘油的烧杯中，油纸质量比为 10∶1，将处理后的绝缘纸试样放入 130℃/50Pa 恒温箱中分别加速热老化 10 天与 20 天。在此过程之后，将绝缘纸片从烧杯中取出，并使用吸油棉去除吸收的绝缘油，在去除吸收的绝缘油时，使用 LE204E 精密天平(Mettler Toledo Ltd.)测试绝缘纸的质量，当绝缘纸的质量变化小于 0.5%时，停止除油。最后将不同热老化时间的绝缘纸试样分别放入防潮密封袋中保存。

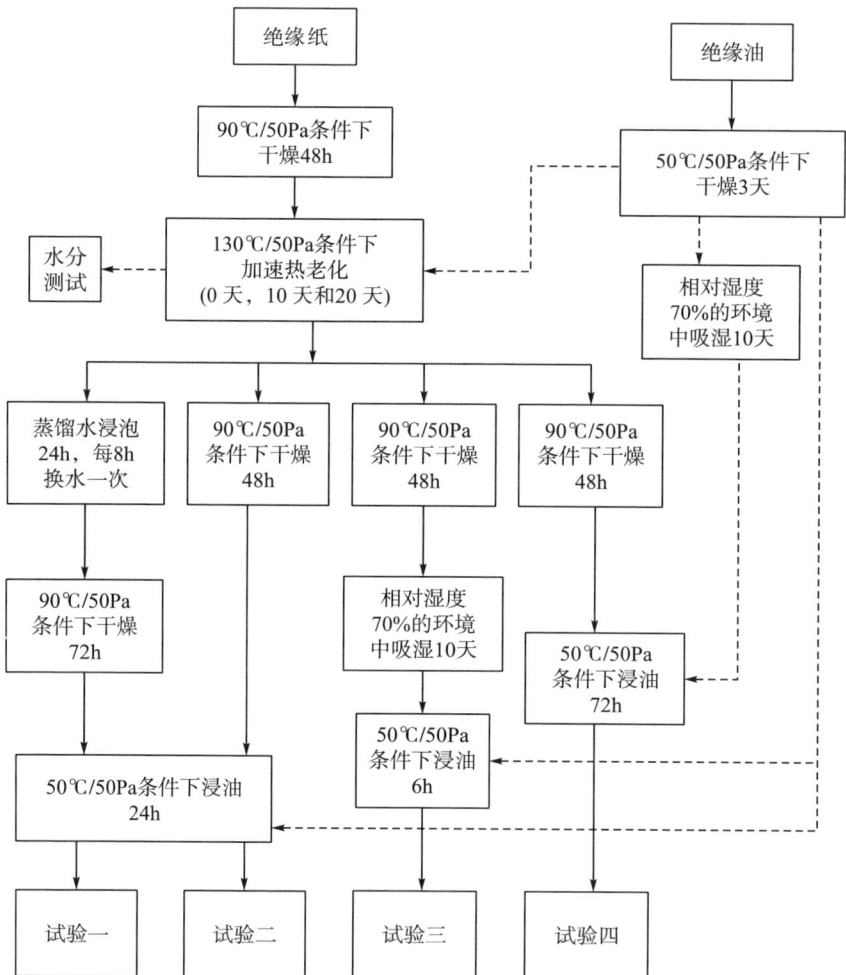

图 4-1　实验材料处理及相关试验流程

3. 试验设计及测试

　　本节试验系统采用三电极系统，电极表面光滑，测试仪器采用 IDAX-300 频域介电响应分析仪，测试频率为 $10^{-3}\sim10^{3}$Hz。设定热老化 0 天、热老化 10 天与热老化 20 天试样的代号分别为 A、B、C，试验中按照 ABC、ACB、BAC 三种上下叠放顺序分别模拟不均匀热老化油纸绝缘，如表 4-1 所示。

表 4-1　不同老化分布状态的绝缘样品

热化分布	样品	组成
均匀	AAA	热老化 0 天+热老化 0 天+热老化 0 天
	BBB	热老化 10 天+热老化 10 天+热老化 10 天
	CCC	热老化 20 天+热老化 20 天+热老化 20 天
不均匀	ABC	热老化 0 天+热老化 10 天+热老化 20 天
	ACB	热老化 0 天+热老化 20 天+热老化 10 天
	BAC	热老化 10 天+热老化 0 天+热老化 20 天

随后开展四种试验，分别如下。

试验一：分别取热老化 0 天与热老化 10 天、20 天的绝缘纸试样浸入新的蒸馏水中 24h（每 8h 换水一次），去除绝缘纸中杂质与热老化产生的有机酸等，再将试样放入 90℃/50Pa 恒温箱中干燥 72h，测得样品中水分含量均小于 0.5%，之后浸入干燥处理后的变压器新油中，在 50℃/50Pa 恒温箱内浸油 24h，然后对样品分别进行频域介电响应测试。

试验二：分别取热老化 10 天、20 天的绝缘纸试样在 90℃/50Pa 恒温箱中干燥 48h，测得绝缘纸中水分含量为 0.57%，然后将试样浸入干燥处理后的变压器新油中，在 50℃/50Pa 恒温箱内浸油 24h 后对样品分别进行频域介电响应测试。

试验三：取热老化 0 天与热老化 10 天、20 天的绝缘纸试样在 90℃/50Pa 恒温箱中干燥 48h，测得绝缘纸中水分含量为 0.57%，然后置于平均相对湿度约为 70% 的环境中受潮 10 天，之后测试各老化状态绝缘纸中水分含量，根据 IEC 60641-2—2004 标准在 50℃/50Pa 恒温箱内浸油（干燥处理后的变压器新油）6h，测得各绝缘纸试样吸油率均大于 9%，满足《滑动轴承 粉末冶金轴承技术条件》GB/T 2688—2012 要求，对浸油后的绝缘纸试样进行频域介电响应测试，同时对浸油后的绝缘纸试样水分含量再次进行测试。

试验四：试验材料及预处理中所述处理过的绝缘油置于平均相对湿度约为 70% 的环境中受潮 10 天，测得绝缘油中水分含量为 0.0063%，然后取干燥后的热老化 0 天与热老化 10 天、20 天的绝缘纸试样（水分含量测试值为 0.57%）在 50℃/50Pa 恒温箱中浸油 72h，然后对绝缘纸试样进行频域介电响应测试，同时测试浸油后的绝缘纸水分含量。

另外，国内外通常以聚合度作为绝缘纸力学性能的表征参量，也是评估变压器绝缘纸寿命的最客观的特征量，1981 年 Oommen 和 Arnold[45]提出的测量绝缘纸聚合度（degree of polymerization，DP）的黏度法在实践中获得了普遍适用，因此本节需要对绝缘纸进行聚合度测试以表征其老化状态。具体测试方法如下：

根据 IEC 60450—2007，采用乌氏黏度计对热老化 0 天、热老化 10 天与热老化 20 天的绝缘纸样品进行聚合度测试。依照标准首先称取适量绝缘纸试样并烘干后撕碎，溶解于事先配制的铜乙二胺溶液中，在 (25±1)℃下测定水和纤维素通过乌氏黏度计的流出时间，计算出纤维素溶液的相对黏度，根据待测溶液的已知浓度和相对黏度求出特性黏度值，最后根据聚合度与黏度特性的关系式求得聚合度。为减小误差，对相同老化程度不同部位反复测量 3 次，取其平均值作为聚合度值。测试结果如表 4-2 所示，由表 4-2 可知，随着绝缘纸老化程度的加重，其聚合度逐渐降低。加速热老化试验条件下绝缘纸的寿命可以用 Montsinger 热降解公式换算成等效运行时间，换算结果如表 4-2 所示。

表 4-2　不同热老化状态绝缘纸试样聚合度

样品	热老化 0 天	热老化 10 天	热老化 20 天
聚合度	1287	952	698
等效运行时间 (80℃)	0 年	8.83 年	17.65 年

绝缘纸中酸值测试：由于国内外尚未制定统一的标准用于测定绝缘纸中的酸值，本节借鉴文献[40]所述的绝缘纸中酸值测试方法对三种热老化程度的绝缘纸酸值进行测试，并且对试验一中经蒸馏水处理后干燥的不同热老化程度的绝缘纸试样进行酸值测试。表 4-3 为本节试验采用的绝缘纸试样中酸值测试结果，由表 4-3 可知，随着绝缘纸热老化程度的加重，绝缘纸热老化产生的低分子有机酸越多，酸值越高，经过试验一中蒸馏水浸泡处理再干燥后的各热老化状态绝缘纸试样中的酸值测试值均未测出，说明试验一中各绝缘纸试样中的低分子有机酸均被有效地处理干净。

表 4-3　试验一中不同老化状态绝缘纸试样中酸值

样品	热老化 0 天	热老化 10 天	热老化 20 天
试验前酸值/(mg KOH/g)	1.24	2.55	3.82
试验后酸值/(mg KOH/g)	未测出	未测出	未测出

4.1.2　热老化对频域介电谱的影响

图 4-2 为试验一测试结果。如图所示，试验一中热老化状态分布均匀的各油纸绝缘试样 (AAA、BBB、CCC) 与各不均匀热老化油纸绝缘试样 (ABC、ACB、BAC) 的相对复介电常数实部与虚部在整个测试频率范围内均近似相等、一致，各试样的测试结果彼此之间无明显差异。

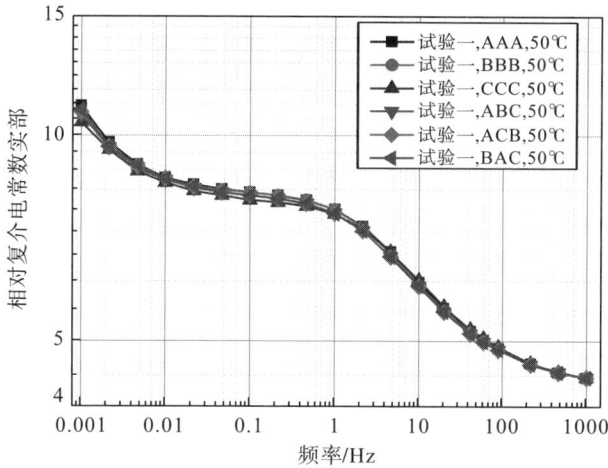

(a) 相对复介电常数实部

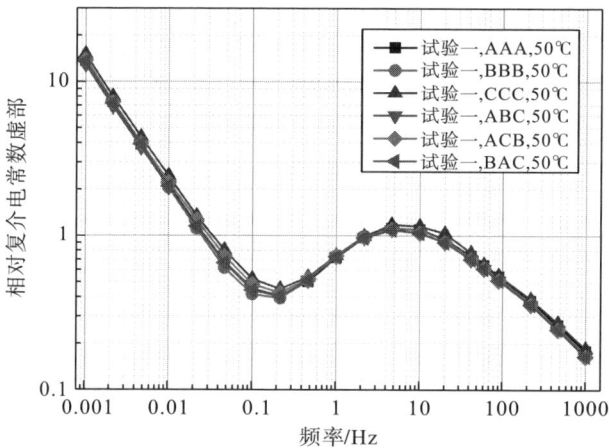

(b) 相对复介电常数虚部

图 4-2　试验一测试结果

　　试验二测试结果如图 4-3 所示，热老化状态分布均匀的各油纸绝缘试样（AAA、BBB、CCC）的相对复介电常数实部 ε' 和相对复介电常数虚部 ε'' 曲线在 1kHz 和 10Hz 之间彼此一致。然后，从 10Hz 到 1mHz，ε' 和 ε'' 在相同频点处的值均随着热老化而变大。如图 4-3 所示的不均匀热老化试样（ABC、ACB 和 BAC）的测试结果彼此之间没有明显差异，然而不均匀热老化样品和均匀热老化的绝缘样品之间存在明显差异。

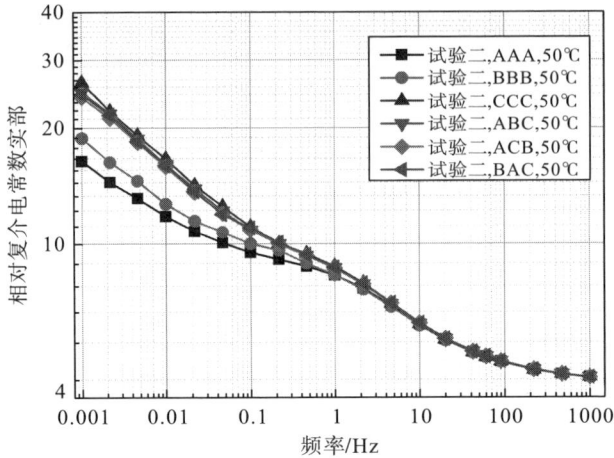

(a) 相对复介电常数实部

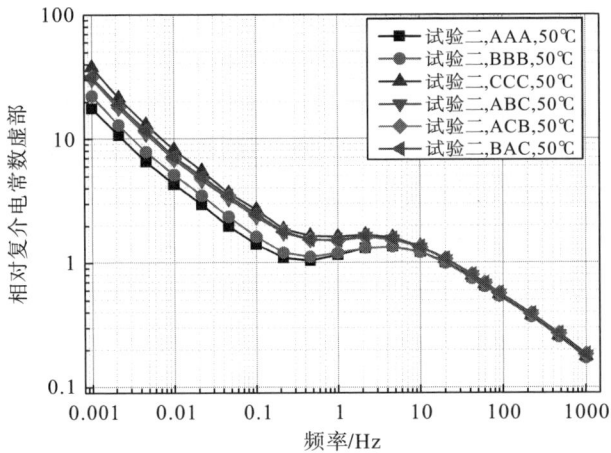

(b) 相对复介电常数虚部

图4-3   试验二测试结果

表 4-4 为试验三中经过受潮处理的各不同热老化状态绝缘纸样品浸油前后的水分含量。由表 4-4 可知，干燥的各不同热老化状态绝缘纸样品置于同样环境吸湿受潮相同时间后，热老化状态越严重，水分含量越高，试样浸油后水分从绝缘纸移向绝缘油中，但由于浸油时间远小于水分平衡时间，浸油后绝缘纸试样水分含量降低，但各试样的水分含量高低顺序不变。由于频域介电响应测试时间只需37min，远小于水分平衡时间[46,47]，所以可认为试验三测试过程中，各绝缘纸试样的水分含量为浸油后的测试值。

表 4-4 试验三中绝缘纸样品浸油前后水分含量

样品	热老化 0 天	热老化 10 天	热老化 20 天
浸油前水分含量/%	1.11	1.82	2.79
浸油后水分含量/%	1.05	1.74	2.67

试验三测试结果如图 4-4 所示，热老化状态分布均匀的各油纸绝缘试样（AAA、BBB、CCC）的相对复介电常数实部与虚部曲线随着样品热老化程度的加深均向高频方向移动，ε' 的值在中低频段开始显示明显差异，并且差异随着热老化而增加，热老化状态均匀分布样品的 ε'' 值随着整个频率范围内的热老化而增加。不均匀热老化试样（ABC、ACB 和 BAC）的测试结果彼此之间没有显示出明显差异，然而不均匀热老化样品和均匀热老化的绝缘样品之间存在明显差异。

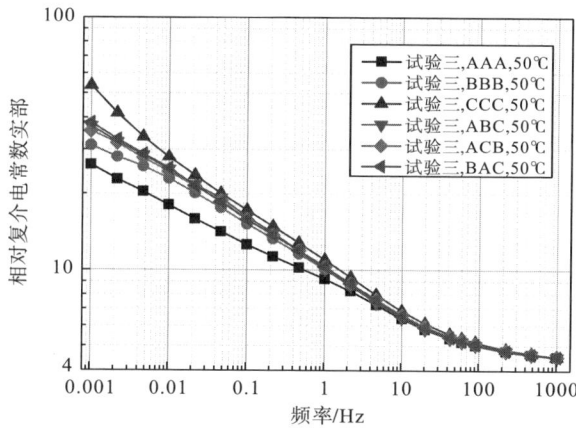

(a) 相对复介电常数实部

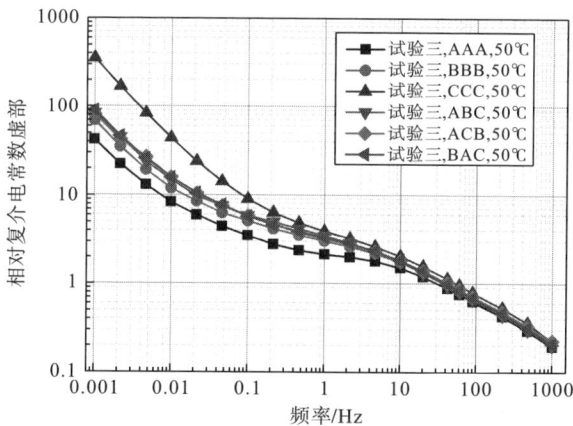

(b) 相对复介电常数虚部

图 4-4 试验三测试结果

　　表4-5为试验四中各不同热老化状态绝缘纸样品浸入受潮绝缘油(0.0063%)中72h后水分含量。由表 4-5 可知，干燥的绝缘纸试样浸入受潮后的绝缘油中，油-纸水分含量平衡后，热老化状态越严重，水分含量越低。

表 4-5　试验四中绝缘纸样品浸油后水分含量

试样	热老化 0 天	热老化 10 天	热老化 20 天
浸油后水分含量/%	3.97	2.92	2.13

　　图 4-5 为试验四测试结果。结合表 4-5 可知，试验四中测试结果主要受水分作用的影响，热老化状态分布均匀的各油纸绝缘试样(AAA、BBB、CCC)的相对复介电常数实部与虚部曲线随着样品水分含量的增大均向高频方向移动，相对复介电常数实部、虚部在整个测试频率范围内，同一频率点的测试值随着样品水分含量逐渐增大，各不均匀老化试样的测试结果彼此之间有一定差异，但差异不明显。

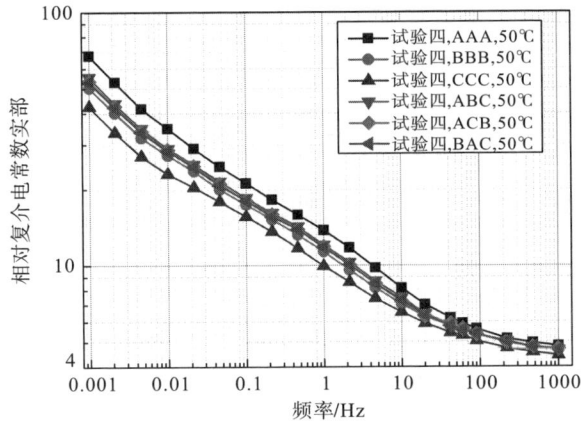

(a) 相对复介电常数实部

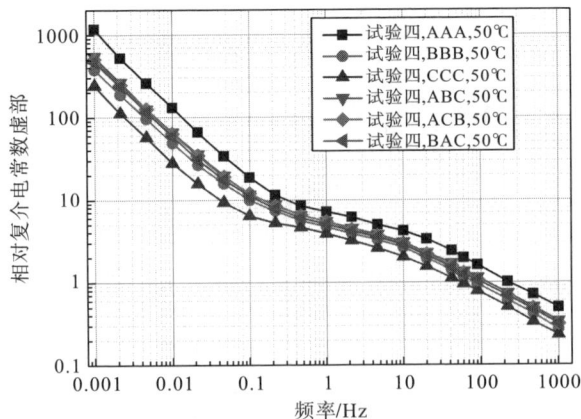

(b) 相对复介电常数虚部

图 4-5　试验四测试结果

4.1.3　规律分析及归纳

试验一中被测试样均为干燥状态，热老化产物均被处理，浸油条件也相同，主要区别在于：由热老化造成的绝缘纸纤维素结构不同(聚合度不同)，由试验一的测试结果可知，绝缘纸纤维素结构的不同对油纸绝缘频域介电响应的影响是非常有限的，可以近似忽略，这与文献[40]所得结论一致，并且由试验一中不均匀热老化试样的测试结果可知，由不均匀热老化造成的纤维素结构的不均匀分布亦不会对测试结果产生显著影响。

由表 4-2 与表 4-3 可知，试验二中被测试样除了由热老化造成的绝缘纸纤维素结构不同，它们由热老化产生的附加产物(不包括水分)含量亦不相同，由图 4-3 试验二的测试结果可知，除去水分的其他热老化产物(有机酸等)会对油纸绝缘频域介电响应产生显著影响，其作用效果是使频域介电谱曲线随着油纸绝缘老化的严重而向高频移动，同一频率点的测试值随着热老化程度的加深而变大，这与文献[40]所得结论一致。从表 4-4 和表 4-5 可以看出，除了热老化副产物含量，试验三与试验四中的不同热老化状态的绝缘纸也具有不同的水分含量，将试验二、试验三与试验四的部分测试结果综合至图 4-6，图 4-6 中每组试验均以各自的 CCC(热老化最严重+热老化状态均匀分布)试样的测试结果作为参考。表 4-6 为每组试验中具有不均匀热老化分布的绝缘样品和 CCC 绝缘样品之间的平均相对误差。由图 4-6 和表 4-6 可知，水分的不均匀分布是影响多层绝缘纸频域介电谱的最重要因素之一。

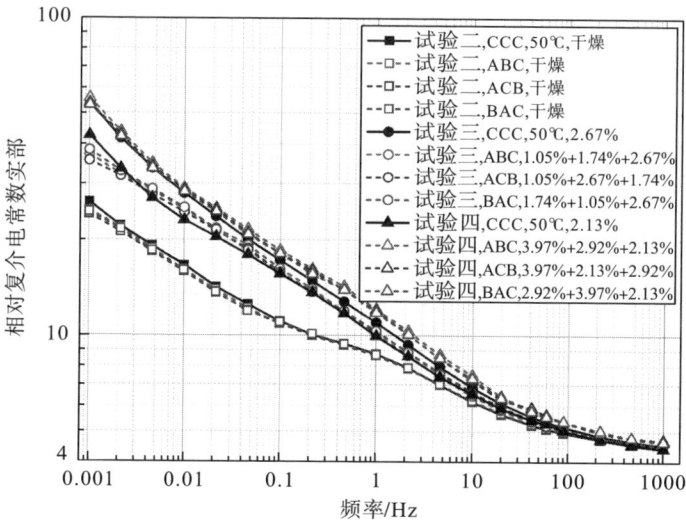

(a) 相对复介电常数实部

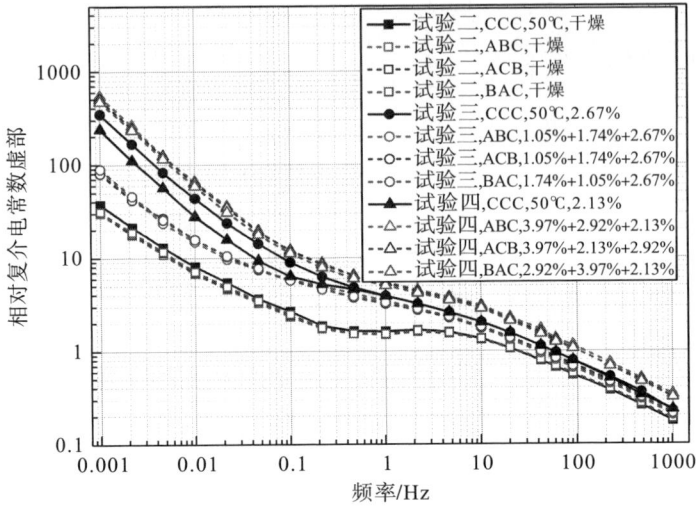

(b) 相对复介电常数虚部

图 4-6　各组试验不均匀热老化分布样品测试结果对比

表 4-6　各组试验不均匀热老化分布样品测试结果的主要影响因素及平均偏差

试验	样品	影响因素	平均偏差/%
试验二	ABC	热老化产物不均匀分布 （除水分）	实部 −1.05 虚部 −6.39
	ACB	热老化产物不均匀分布 （除水分）	实部 −1.58 虚部 −5.05
	BAC	热老化产物不均匀分布 （除水分）	实部 −1.11 虚部 −3.57
试验三	ABC	热老化产物不均匀分布及 水分不均匀分布	实部 −7.74 虚部 −30.88
	ACB	热老化产物不均匀分布及 水分不均匀分布	实部 −7.78 虚部 −29.09
	BAC	热老化产物不均匀分布及 水分不均匀分布	实部 −7.32 虚部 −29.56
试验四	ABC	热老化产物不均匀分布及 水分不均匀分布	实部 16.72 虚部 72.37
	ACB	热老化产物不均匀分布及 水分不均匀分布	实部 14.96 虚部 65.78
	BAC	热老化产物不均匀分布及 水分不均匀分布	实部 14.24 虚部 57.05

　　绝缘纸中水分一部分来源于热老化，而已有文献明确报道，水分作为绝缘纸热老化产物之一，随着绝缘纸热老化时间或热老化速率的增加，热老化产生的水分含量增大[40]。因此，对于实际工程中变压器内部绝缘纸的不均匀热老化，各部分绝缘纸的热老化速率不一致，各部分热老化产生的水分含量也不一致。在变压器实际运行中，除热老化产生水分外，吸收外界环境中入侵的水分亦是导致水分含量增加的重要途径之一，不同热老化状态（聚合度不同）的绝缘纸，其对水分的吸收能力也不相同，研究表明，随着绝缘纸热老化状态的加重，在浸油的环境下，绝缘纸中水分含量（平衡后）随着热老化状态的加重而降低[48]。因此，对于实际工程中变压器内部绝缘纸的不均匀热老化，各部分绝缘纸对水分的吸收能力不均，这亦是造成水分分布不平衡的重要原因之一。

　　频域介电响应测试是对试样施加不同频率的交流电压，获得流过试样的电流峰值与相位，进而得到试样的相对复介电常数、介质损耗角正切值、复电容等与频率相关的极化参数，其理论基础是电介质极化理论。

　　在本节介绍的频率范围内（1kHz～1mHz），油纸绝缘频域介电谱的各频率段内起主导作用的机制大致可分为[40]：1kHz～5Hz，瞬时位移极化（电子位移极化和原子位移极化等）+电导；5Hz～10mHz，松弛极化（偶极子转向极化、离子位移极化与界面极化等）；10～1mHz，电极极化+电导。绝缘纸中偶极子转向极化主要是由纤维素分子中-OH 和-CH$_2$OH 在电场作用下的位移产生的。绝缘纸纤维素主要分为结晶区和无定形区，水分子不易渗透浸入结晶区（可视为非电导区），主要存在于无定形区（可视为电导区），在电场的作用下，离子在无定形区中移动，会在结晶区与无定形区的界面聚集积累，产生了微观界面极化[40]，同时在测试过程中，由于测试电极（实际变压器测试中可视为高低压绕组）的阻碍作用，离子会大量地聚集在电极附近，产生宏观上的电极极化。

　　如图 4-7(a) 所示，干燥的绝缘纸中-OH 和-CH$_2$OH 之间通过二级价键（图中虚线所示）作用力的影响而被束缚，阻止了在电场作用下偶极子的位移极化，受潮的绝缘纸中，水分子渗透浸入纤维素分子之间，如图 4-7(b) 所示，会破坏-OH 和-CH$_2$OH 之间的二级价键，进而会弱化纤维素分子间的束缚力，加强偶极子的位移极化[49]，此外由于水分子本身属于强极性分子，水分的增加亦会加强偶极子位移极化的作用效果。油纸绝缘电导过程起主要作用的机制是离子电导，离子主要来源于杂质分子或热老化产物分子，通过在水分中电离产生，而杂质分子与热老化产物分子为弱电解质，水分的增加不仅会增加电离出来的离子的总数量，而且会加强离子在电场作用下的移动，使绝缘纸的电导增大，最终使微观界面极化作用与宏观电极极化作用加强，因此相对于热老化产物，水分对油纸绝缘介电响应测试结果起着更为重要的作用。

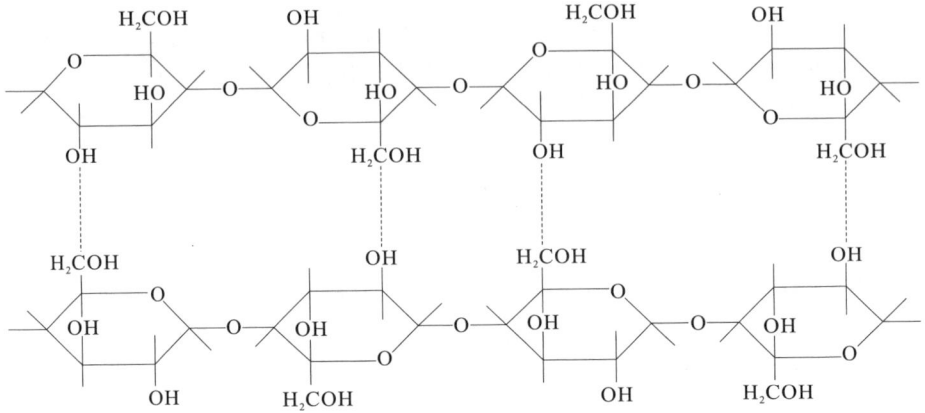

(a) 纤维素分子通过二级价键连接

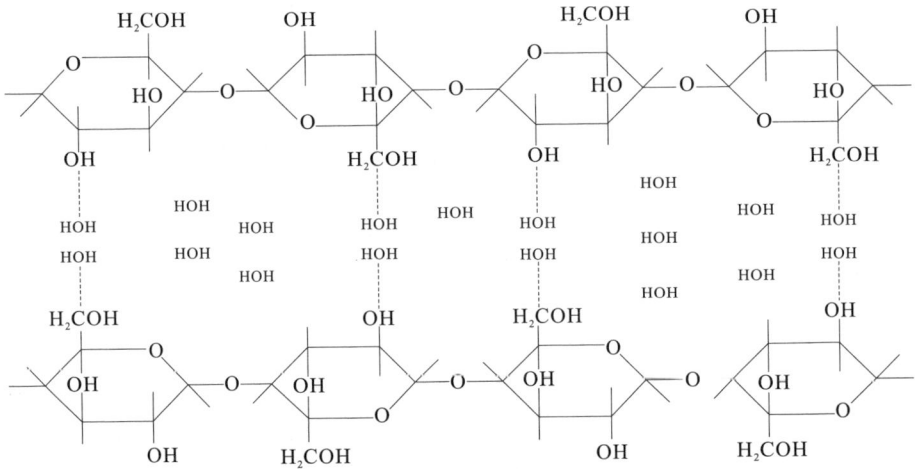

(b) 水分对纤维素分子二级价键的破坏

图 4-7　水分对纤维素分子键的影响

　　测试得到 $\log \varepsilon''$ 与 $\log \omega$ 曲线在 1mHz～0.01Hz 频率曲线斜率恒定，记为 s，则 1mHz～0.01Hz 的 $\varepsilon \log \varepsilon''$-$\log \omega$ 曲线可以表示为

$$\log \varepsilon'' = s \log \omega + b \tag{4-1}$$

式中，b 为曲线在 $\log \varepsilon''$ 轴的截距。

　　由式 (4-1) 可知，同一绝缘试样的 ε'' 与 ω^{-s} 的乘积在 1mHz～0.01Hz 频率为一定值。表 4-7 以试验二与试验三中均匀热老化分布样品的测试结果为例，给出了该关系的证明。

表 4-7 试验二与试验三中均匀热老化分布样品测试结果的 ε'' 与 ω^{-s} 的乘积值

样品	水分含量/%	ε'' 与 ω^{-s} 的乘积值			
		0.01Hz	4.64mHz	2.15mHz	1mHz
AAA（试验二）	0.53	0.79	0.75	0.77	0.79
BBB（试验二）	0.53	0.88	0.83	0.84	0.88
CCC（试验二）	0.53	1.29	1.24	1.23	1.29
AAA（试验三）	1.05	1.12	1.08	1.06	1.13
BBB（试验三）	1.74	1.32	1.29	1.31	1.41
CCC（试验三）	2.67	3.58	3.42	3.45	3.57

如图 4-8 所示，拟合 ε''、ω^{-s} 的乘积值与水分含量，则可以得到如下所示的 ε''、ω^{-s} 的乘积值与水分含量的关系式：

$$\text{m.c.} = 1.79 \times (\varepsilon'' \omega^{-s} - 0.74)^{0.41} \tag{4-2}$$

式中，m.c.为水分含量。如前面所述，试验二中所有样品均为干燥状态，因此图 4-8 中所示试验二中绝缘样品 CCC 的水分含量与式(4-2)所示关系的偏差是由副产物的影响产生的。

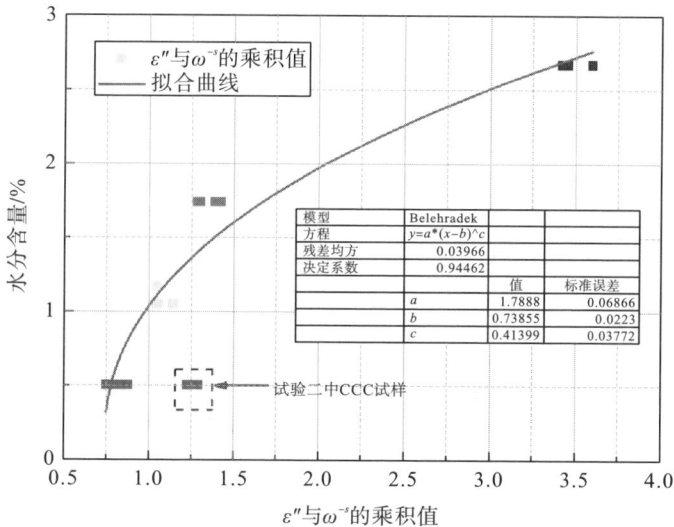

图 4-8 ε''、ω^{-s} 的乘积值与水分含量拟合曲线

最后，如表 4-8 所示，本章采用试验四中热老化状态均匀分布样品的测试结果验证等式(4-2)给出的关系，通过表 4-8 可知水分含量的计算结果与测量结果的误差较小且在可接受范围之内，因此可用式(4-2)所示的关系估算绝缘纸的水分含量。

表 4-8　试验四中均匀热老化分布样品水分含量测试结果与计算结果

试样	水分含量/%	
	测试值	计算值
AAA（试验四）	3.97	4.08
BBB（试验四）	2.92	2.89
CCC（试验四）	2.13	2.04

　　表 4-9 为采用式(4-2)所示水分含量评估关系式计算试验三与试验四中不均匀热老化样品水分含量的结果，通过表 4-9 可知测试结果的计算值不再能够反映样品受潮最严重部分的水分含量，并且计算结果始终略高于样品的平均水分含量。

表 4-9　试验三、四中不均匀热老化分布样品水分含量测试结果与计算结果

试样	水分含量/%		
	测试结果	平均值	计算结果
ABC（试验三）	1.05+1.74+2.67		1.87
ACB（试验三）	1.05+2.67+1.74	1.82	1.95
BAC（试验三）	1.74+1.05+2.67		1.91
ABC（试验四）	3.97+2.92+2.13		3.19
ACB（试验四）	3.97+2.13+2.92	3.0	3.24
BAC（试验四）	2.92+3.97+2.13		3.19

4.2　牵引变压器绝缘受潮状态评估方法

4.2.1　试验测试

　　本节选用 0.1mm 厚的新绝缘纸与 45#新矿物油作为试验的基本材料。将绝缘纸在 90℃/50Pa 恒温箱中干燥 48h，采用卡尔·费休测试法(梅特勒-托利多 C20 测试仪)测得绝缘纸中水分含量小于 0.5%(水分测试参照 IEC 60814—2014)，然后存入防潮密封袋中保存。将变压器油在 50℃/50Pa 恒温箱中干燥 3 天，然后存入带密封的玻璃瓶中充入干燥氮气并密封保存，干燥后的绝缘油水分含量测试约为 9ppm。

　　根据上述所示步骤制作了五组油纸绝缘试样，将试验置于温度为 15℃、相对

湿度约为 70%的环境中，然后将其进行吸湿处理，控制不同的吸湿时间，进行不同受潮状态油纸绝缘试样制作，根据 IEC 60814—2014 对各试样进行水分含量测试，结果如表 4-10 所示，制备了水分含量分别为 0.53%、1.78%、2.97%、3.89%及 5.03%油纸绝缘试样。

本节采用 IDAX-300 频域介电响应分析仪对各受潮状态油纸绝缘试样进行频域介电谱测试，测试过程中采用 Megger 升压器，将测试电压最大值升至 500V 以获取更有效的测试曲线，测试环境温度为 15℃，测试频率为 $10^{-3}\sim10^{3}$Hz。

表 4-10　72.5kV 油纸绝缘试样水分含量

试样编号	A	B	C	D	E
吸湿时间/天	0	5	10	15	20
水分含量/%	0.53	1.78	2.97	3.89	5.03

4.2.2　水分对频域介电谱的影响

不同受潮状态下油纸绝缘试样的试验结果如图 4-9 所示，其包括相对复介电常数实部（ε'）、相对复介电常数虚部（ε''）和介质损耗角（δ）的正切值。由图 4-9 可以看出，油纸绝缘试样的 ε' 和 ε'' 在同一频率点处的值随着水分含量的增加而增加。ε' 值在中低频段（10Hz～1mHz）开始出现明显差异，差异随水分含量的增加而增加。ε'' 值在整个频率范围内随着水分含量的增加而增加，tanδ 值与 ε'' 具有相同的变化趋势。应该注意的是，不同水分含量的 ε'' 曲线都具有最小值，随着水分含量的增加，最小值所对应的频点有向高频率方向移动的趋势。

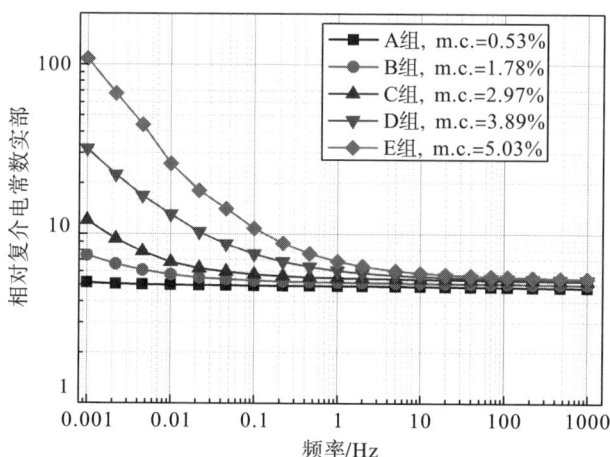

(a) 相对复介电常数实部

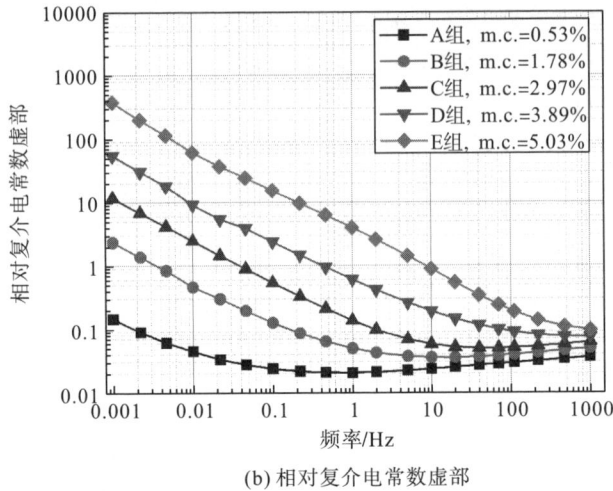

(b) 相对复介电常数虚部

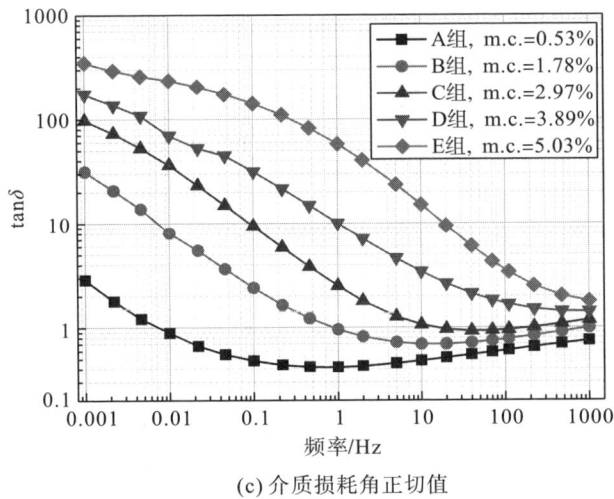

(c) 介质损耗角正切值

图 4-9　不同水分含量油纸绝缘试样的试验结果

4.2.3　受潮状态映射关系

在工程和相关研究中，介电弛豫方程通常用来分析 FDS 测试的结果，如德拜方程（Debye 方程）、Cole-Cole 方程和 Havriliak-Negami 方程[50]。Havriliak- Negami 方程的表达式为

$$\varepsilon^*(\omega) = \varepsilon_\infty + \frac{\varepsilon_s - \varepsilon_\infty}{\left[1 + (j\omega\tau)^\alpha\right]^\beta} \tag{4-3}$$

式中，ω 为角频率；ε_s 为静态低频介电常数；ε_∞ 为高频极限下的介电常数；τ 为弛豫时间；α 和 β 为反映弛豫时间分布的参数且均在 0～1。

如表 4-11 所示，Havriliak-Negami 方程是一个普适表达式，其他介电弛豫方程是其特殊形式。因此，本节选择 Havriliak-Negami 方程来分析上述试验结果。

表 4-11　典型介电弛豫方程比较

介电弛豫方程	表达式	与 Havriliak-Negami 方程比较
Debye 方程	$\varepsilon*(\omega) = \varepsilon_\infty + \dfrac{\varepsilon_s - \varepsilon_\infty}{1 + j\omega\tau}$	$\alpha = 1$，$\beta = 1$
Cole-Cole 方程	$\varepsilon*(\omega) = \varepsilon_\infty + \dfrac{\varepsilon_s - \varepsilon_\infty}{1 + (j\omega\tau)^\alpha}$	$\alpha \neq 1$，$\beta = 1$
Cole-Davidson 方程	$\varepsilon*(\omega) = \varepsilon_\infty + \dfrac{\varepsilon_s - \varepsilon_\infty}{(1 + j\omega\tau)^\beta}$	$\alpha = 1$，$\beta \neq 1$

如图 4-10(a) 所示，Cole-Cole 方程(复介电常数)的复平面是一个标准圆弧。从复变函数分析理论出发，Havriliak-Negami 方程的复平面可以看作 Cole-Cole 方程的变换(推导过程如下)，由图 4-10(b) 可以得到 Havriliak-Negami 方程的复平面图形，通过图 4-10(b) 可知 Havriliak-Negami 方程是一个非标准圆弧。

因为

$$j^\alpha = \cos\frac{\pi\alpha}{2} + j\sin\frac{\pi\alpha}{2} \tag{4-4}$$

所以

$$
\begin{aligned}
\frac{1}{1+(j\omega\tau)^\alpha} &= \frac{1}{1+(\omega\tau)^\alpha\left(\cos\dfrac{\pi\alpha}{2}+j\sin\dfrac{\pi\alpha}{2}\right)} \\
&= \frac{1+(\omega\tau)^\alpha\cos\dfrac{\pi\alpha}{2}-j(\omega\tau)^\alpha\sin\dfrac{\pi\alpha}{2}}{\left[1+(\omega\tau)^\alpha\cos\dfrac{\pi\alpha}{2}\right]^2+\left[(\omega\tau)^\alpha\sin\dfrac{\pi\alpha}{2}\right]^2} \\
&= \frac{1+(\omega\tau)^\alpha\cos\dfrac{\pi\alpha}{2}-j(\omega\tau)^\alpha\sin\dfrac{\pi\alpha}{2}}{1+(\omega\tau)^{2\alpha}+2(\omega\tau)^\alpha\cos\dfrac{\pi\alpha}{2}} \\
&= \frac{\cos\theta-j\sin\theta}{\left[1+(\omega\tau)^{2\alpha}+2(\omega\tau)^\alpha\cos\dfrac{\pi\alpha}{2}\right]^{1/2}}
\end{aligned}
\tag{4-5}
$$

式中，θ 有如下表达式：

$$\theta = \arctan \frac{(\omega\tau)^{\alpha}\sin\dfrac{\pi\alpha}{2}}{1+(\omega\tau)^{\alpha}\cos\dfrac{\pi\alpha}{2}} \tag{4-6}$$

根据式(4-5)可知

$$\left[\frac{1}{1+(j\omega\tau)^{\alpha}}\right]^{\beta} = \frac{\cos(\theta\beta)-j\sin(\theta\beta)}{\left[1+(\omega\tau)^{2\alpha}+2(\omega\tau)^{\alpha}\cos\left(\dfrac{\pi\alpha}{2}\right)\right]^{\beta/2}} \tag{4-7}$$

则根据式(4-3)，可得

$$\begin{cases} \varepsilon'(\omega)=\varepsilon_{\infty}+\dfrac{\Delta\varepsilon\cos(\beta\theta)}{\left[1+2(\omega\tau)^{\alpha}\cos\left(\dfrac{\alpha\pi}{2}\right)+(\omega\tau)^{2\alpha}\right]^{\beta/2}} \\[4mm] \varepsilon''(\omega)=\dfrac{\Delta\varepsilon\sin(-\beta\theta)}{\left[1+2(\omega\tau)^{\alpha}\cos\left(\dfrac{\alpha\pi}{2}\right)+(\omega\tau)^{2\alpha}\right]^{\beta/2}} \end{cases} \tag{4-8}$$

式中，$\Delta\varepsilon=\varepsilon_s-\varepsilon_{\infty}$。

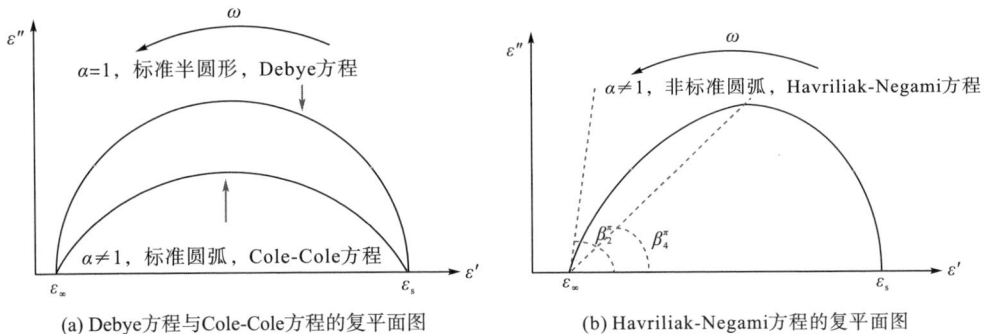

(a) Debye方程与Cole-Cole方程的复平面图　　　(b) Havriliak-Negami方程的复平面图

图 4-10　弛豫方程复平面图

图 4-11 给出了不同水分含量的油纸绝缘试样频域介电响应测试结果的复平面图。图 4-11 中，不同水分含量的套管试样的复平面首先逐渐收敛，然后随频率的减小而发散。Jonscher[43]研究发现，低频部分与标准复平面图的偏差是由直流电导率引起的，这种现象称为低频弥散。因此，当使用 Havriliak-Negami 方程来分析 FDS 测试的结果时，必须考虑直流电导率的影响。因此，等式(4-8)中所示的 Havriliak-Negami 方程应修改为

$$
\begin{cases}
\varepsilon'(\omega) = \varepsilon_\infty + \dfrac{\Delta\varepsilon \cos(\beta\theta)}{\left[1 + 2(\omega\tau)^\alpha \cos\left(\dfrac{\alpha\pi}{2}\right) + (\omega\tau)^{2\alpha}\right]^{\beta/2}} \\[4mm]
\varepsilon''(\omega) = \dfrac{\Delta\varepsilon \sin(-\beta\theta)}{\left[1 + 2(\omega\tau)^\alpha \cos\left(\dfrac{\alpha\pi}{2}\right) + (\omega\tau)^{2\alpha}\right]^{\beta/2}} + \dfrac{\sigma_{DC}}{\varepsilon_0\omega}
\end{cases}
\tag{4-9}
$$

式中，σ_{DC} 为直流电导率。

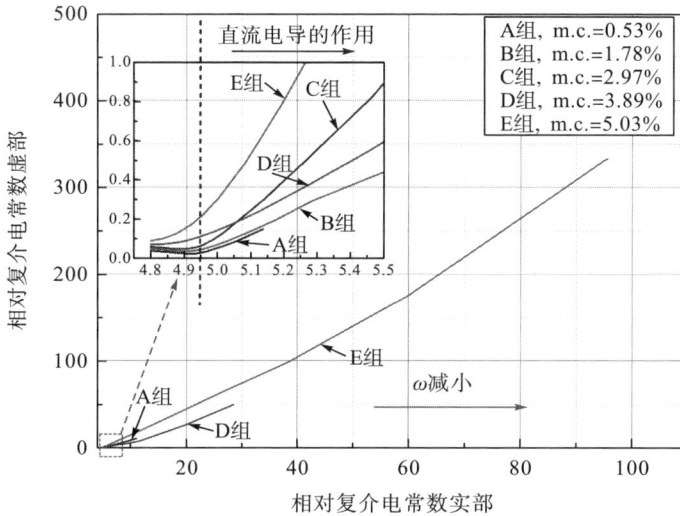

图 4-11　不同水分含量试样套管介电参数复平面图

表 4-12 与图 4-12 为对不同水分含量的套管试样频域介电响应测试结果的拟合结果。由图 4-12 可知，拟合结果和测试结果之间具有很好的一致性，因此修正后的 Havriliak-Negami 方程是合理可行的。

表 4-12　不同水分含量修正 Havriliak-Negami 方程参数拟合值

m.c./%	ε_∞	$\Delta\varepsilon$	α	β	$\tau(\sigma)$	$\sigma_{DC}/(S/m)$
0.53	4.83	1.00	0.98	0.37	1512.80	7.22×10^{-11}
1.78	4.85	5.83	0.97	0.42	545.14	1.18×10^{-10}
2.97	4.82	18.76	1.00	0.48	360.03	3.89×10^{-10}
3.89	4.84	44.77	0.99	0.53	308.55	7.72×10^{-10}
5.03	4.85	145.15	0.98	0.60	189.61	2.4×10^{-9}

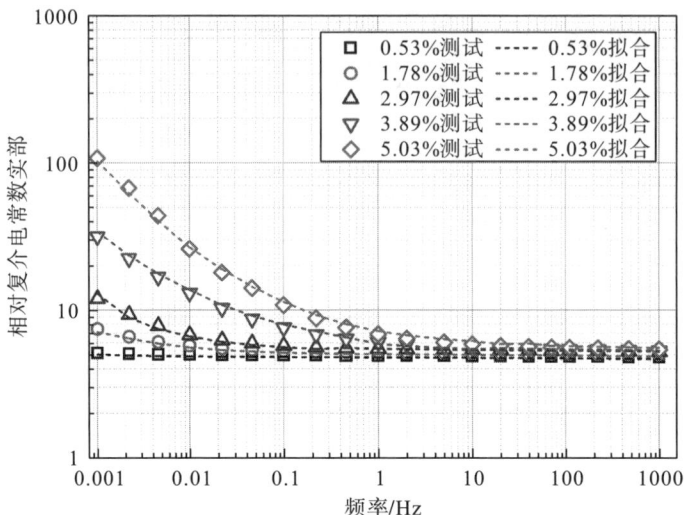

(a) 相对复介电常数实部

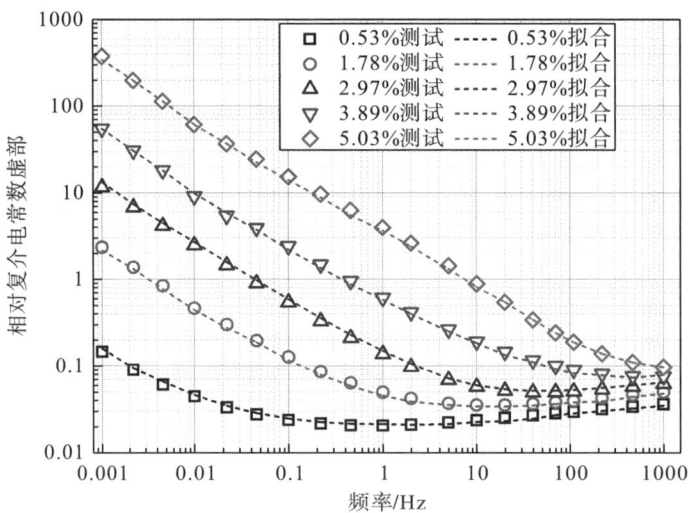

(b) 相对复介电常数虚部

图 4-12　不同水分含量油纸绝缘试样修正 Havriliak-Negami 方程拟合结果

由表 4-12 可知，随着水分含量的改变，ε_∞ 和 α 基本不变，而其他参数发生明显变化。此外，由图 4-13 所示的拟合结果可知，$\Delta\varepsilon$、β、τ 与 σ_{DC} 均与水分含量 m.c. 有很好的对应关系：

$$\begin{cases} \Delta\varepsilon = 0.85\exp(\text{m.c.}/0.98) + 0.22 \\ \beta = 0.33 + 0.05\text{m.c.} \\ \tau = 886.13 \times \text{m.c.}^{-0.84} \\ \sigma_{DC} = 1.5 \times 10^{-11} \times \exp(\text{m.c.}/0.99) + 4.88 \times 10^{-11} \end{cases} \tag{4-10}$$

式中，m.c.单位为%。由图 4-13 可知，拟合优度至少为 96%。因此，在对油纸绝缘试样进行频域介电谱测试后，可以通过所述四个参数估算水分含量。

根据式(4-10)，可以得到评估牵引变压器内绝缘水分含量的方程为

$$\text{m.c.} = \frac{1}{2}\left\{\sum_{i=1}^{4}\text{m.c.}_i - \max\left[\text{m.c.}_1 : \text{m.c.}_4\right] - \min\left[\text{m.c.}_1 : \text{m.c.}_4\right]\right\} \qquad (4\text{-}11)$$

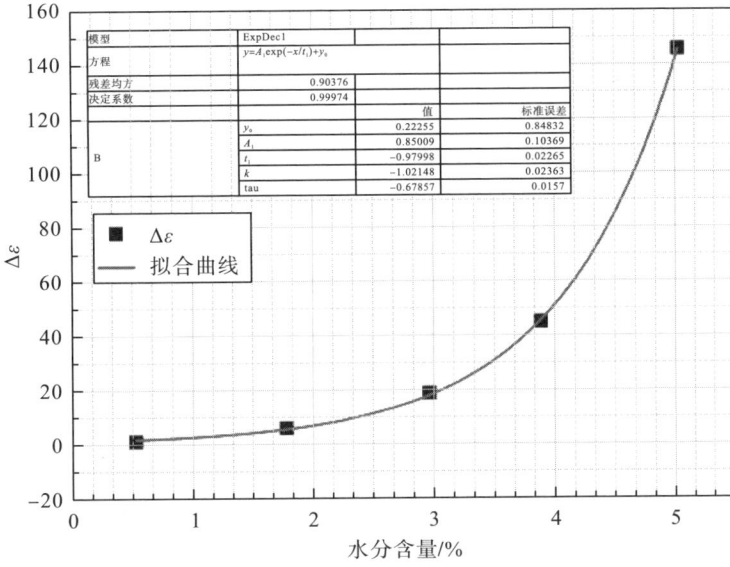

(a) $\Delta\varepsilon$

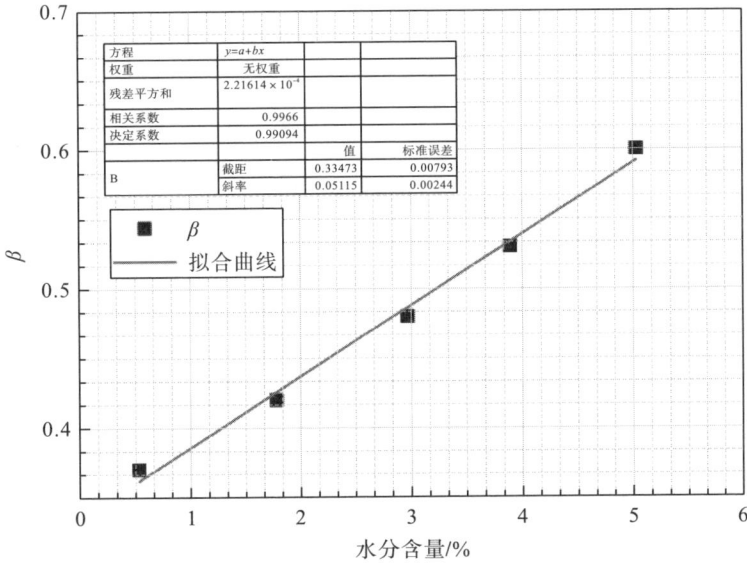

(b) β

模型	Allometric1		
方程	$y=a*x^b$		
减少误差	714.7854		
决定系数	0.9975		
		值	标准误差
B	a	886.13346	15.92114
	b	-0.84344	0.02515

(c) τ

模型	ExpDec1		
方程	$y=A_1*exp(-x/t_1)$ $+y_0$		
残差均方	1.4754×10^{-21}		
决定系数	0.99842		
		值	标准误差
B	y_0	4.88124×10^{-11}	3.47116×10^{-11}
	A_1	1.50034×10^{-11}	4.48303×10^{-12}
	t_1	-0.99506	0.05726
	k	-1.00496	0.05783
	tau	-0.68972	0.03969

(d) σ_{DC}

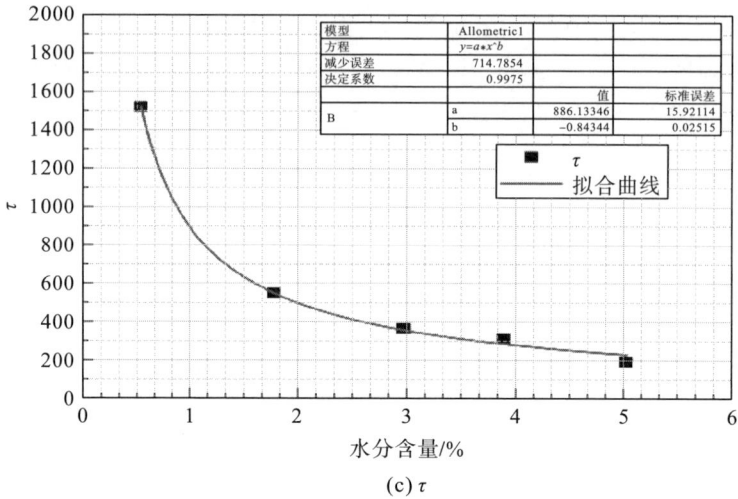

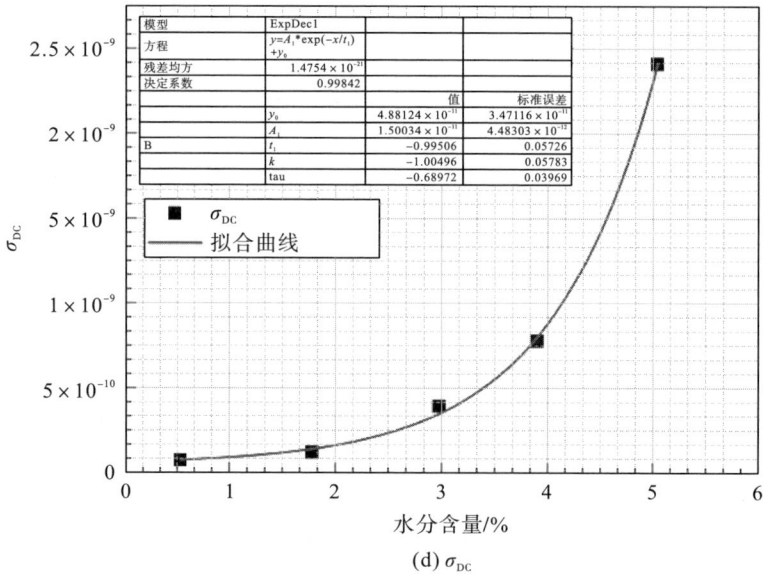

图 4-13 修正 Havriliak-Negami 介电方程参数与水分含量关系拟合结果

式中，$m.c._1 \sim m.c._4$ 的表达式为

$$\begin{cases} m.c._1 = 0.98\ln\left(\dfrac{100\Delta\varepsilon - 22}{85}\right) \\[2mm] m.c._2 = \dfrac{100\beta - 33}{5} \\[2mm] m.c._3 = (\tau - 886.13)^{-1.19} \\[2mm] m.c._4 = 0.99\ln\dfrac{\sigma_{DC} \times 10^{12} - 4.88}{15} \end{cases} \tag{4-12}$$

　　为了证明式(4-11)所示的牵引变压器内绝缘水分含量评估方法,本节对另外三个油纸绝缘样品进行了试验测试。打开 B 组、D 组和 E 组油纸绝缘样品外绝缘顶盖,再次吸收水分 10 天,首先测试三个样品的频域介电谱,然后测量水分含量。

　　图 4-14 给出了三个样品的测试频域介电谱,为描述方便,其再次受潮后的三个样品被命名为 B+、D+ 和 E+。根据方程(4-9)对试验测试结果进行拟合,拟合结果的具体值如表 4-13 所示。样品 B+、D+ 和 E+ 的水分含量可以基于式(4-11)得到。表 4-14 给出了各试样水分含量的评估值和测试值,由表 4-14 可知,水分含量的评估值和测量值相对误差均小于 3%,因此可以表明提出的评估方法是合理有效的。

表 4-13　B+、D+和 E+试样修正 Havriliak-Negami 方程参数拟合值

试样	ε_∞	$\Delta\varepsilon$	α	β	τ/s	σ_{DC}/(s/m)
B+	4.81	31.39	0.98	0.51	307.16	5.79×10^{-10}
D+	4.82	336.2	0.99	0.62	200.66	5.63×10^{-9}
E+	4.82	626.33	0.99	0.65	184.65	1.04×10^{-8}

表 4-14　B+、D+和 E+试样水分含量的评估值与测试值

试样	水分含量/%		相对误差/%
	评估值	测试值	
B+	3.57	3.49	2.29
D+	5.82	5.96	-2.35
E+	6.45	6.53	-1.23

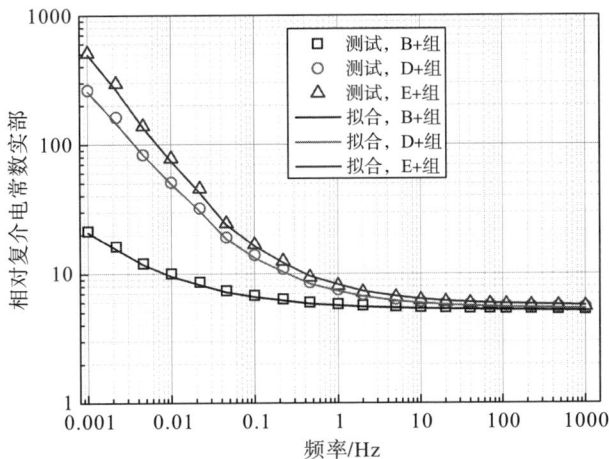

(a) 相对复介电常数实部

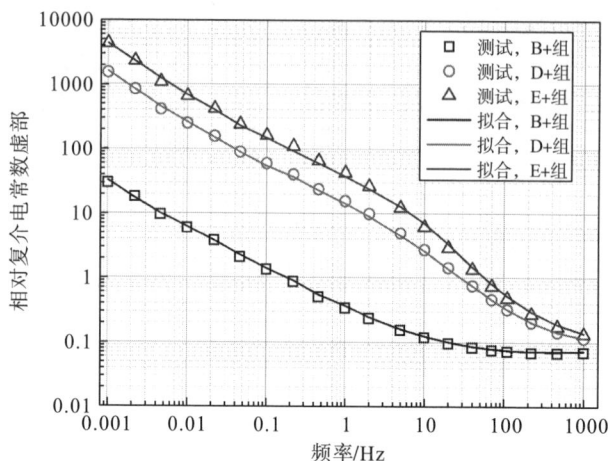

(b) 相对复介电常数虚部

图 4-14　B+、D+和 E+试样介电谱测试及拟合结果

　　综上，基于提出的评估方法可以有效估算油纸绝缘试样的水分含量，当该方法用于工程实际时，应进一步考虑两种影响：一种是变压器的电压等级（绝缘结构）的影响；另一种是温度的影响。然而，测试结果是复介电常数（ε' 和 ε''）的频谱，其仅与材料的特性有关，不受绝缘表面积和厚度的影响。因此，电压等级对评估方法的影响可以忽略不计。温度对电介质的频域介电响应测试结果具有很明显的作用[40]，在工程应用中为了降低温度影响，通常将设备离线且待其内部绝缘温度与环境温度平衡后再进行测试，然而受环境、天气和季节的影响，不同测试的平衡温度也有差异，因此温度对评估方法的影响是不容忽视的。

　　按照同样的试验方法对水分含量为 0.53%、1.78%、2.97% 及 3.89% 的油纸绝缘试样进行 15℃、25℃、45℃ 与 60℃ 下的频域介电谱测试。图 4-15 给出了在不同温度下油纸绝缘试样复介电常数的实部（ε'），可知对于具有相同水分含量的套管试样，ε' 值随温度的升高而增加，并且随着温度的升高 ε' 的曲线向高频率移动。图 4-16 给出了在不同温度下油纸绝缘样品的复介电常数的虚部（ε''），可知增加试验温度会导致 ε'' 向高频率范围移动。虽然试验温度不同，但是具有相同水分含量的油纸绝缘样品的 $\log \varepsilon'$ -$\log f$ 曲线的形状基本相似，并且这种现象也可以在 $\log \varepsilon''$ -$\log f$ 曲线中观察到。

　　为了更好地研究温度的影响，将图 4-15 和图 4-16 中的 $\log \varepsilon'$ -$\log f$ 和 $\log \varepsilon''$ -$\log f$ 曲线通过以下方程分别进行多项式拟合。

$$\log \varepsilon' = a_1 (\log f)^4 + b_1 (\log f)^3 + c_1 (\log f)^2 + d_1 \log f + e_1 \tag{4-13}$$

$$\log \varepsilon'' = a_2 (\log f)^4 + b_2 (\log f)^3 + c_2 (\log f)^2 + d_2 \log f + e_2 \tag{4-14}$$

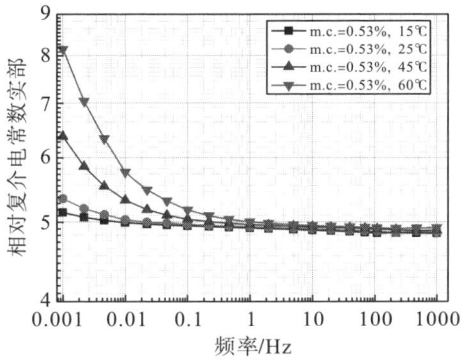

(a) 水分含量0.53%　　　　　　　(b) 水分含量1.78%

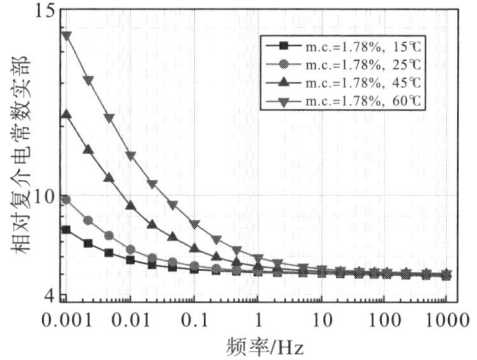

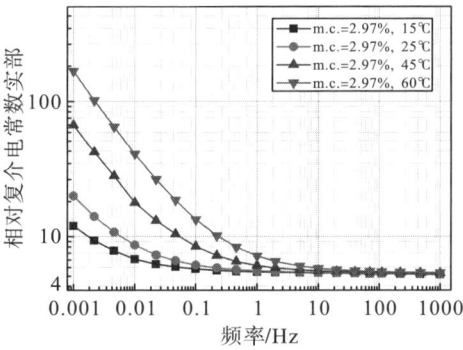

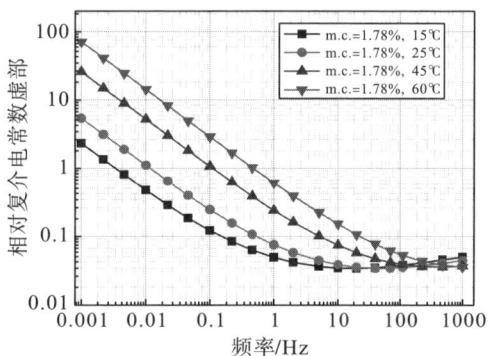

(c) 水分含量2.97%　　　　　　　(d) 水分含量3.89%

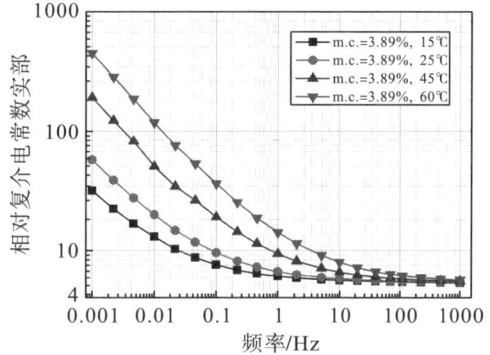

图 4-15　不同温度下套管试样相对复介电常数实部测试结果

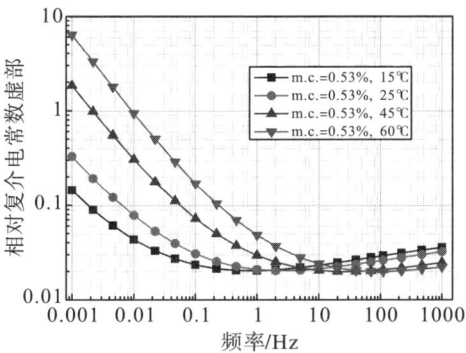

(a) 水分含量0.53%　　　　　　　(b) 水分含量1.78%

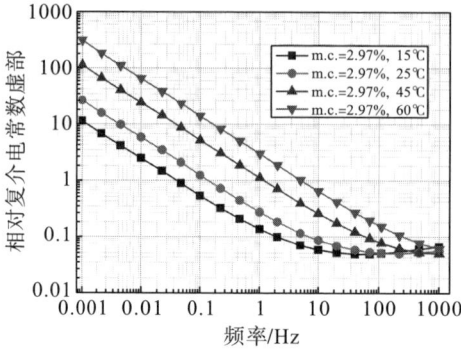

(c) 水分含量2.97%

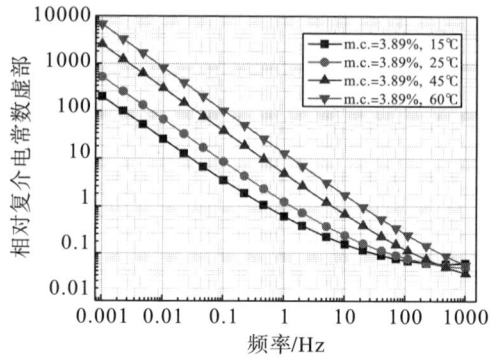

(d) 水分含量3.89%

图 4-16　不同温度下套管试样相对复介电常数虚部测试结果

如图 4-17 所示，可以获得 $\log\varepsilon'$-$\log f$ 和 $\log\varepsilon''$-$\log f$ 曲线的斜率曲线，由图 4-17 可知，当套管试样的水分含量固定时，$\log\varepsilon'$-$\log f$ 的斜率曲线与 $\log\varepsilon''$-$\log f$ 的斜率曲线随着试验温度的升高向高频移动，但斜率曲线的形状基本相似。因此，结合第 3 章中得到的温度对油隙频域介电谱的影响特征可知，温度对牵引变压器内绝缘频域介电响应结果的影响也可分为两个方面：一个方面是沿水平轴（$\log f$ 轴）；另一个方面是沿垂直轴（$\log\varepsilon'$ 轴和对数 $\log\varepsilon''$ 轴）。

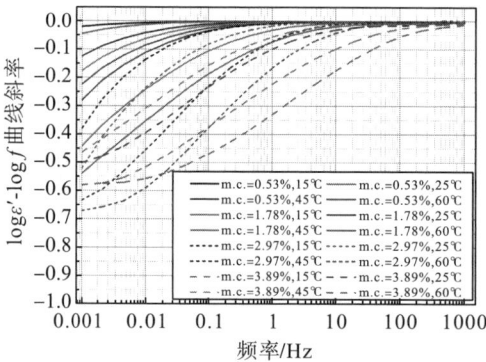

(a) $\log\varepsilon'$-$\log f$曲线的斜率曲线

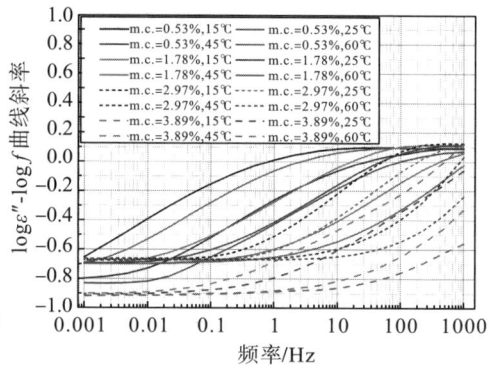

(b) $\log\varepsilon''$-$\log f$曲线的斜率曲线

图 4-17　$\log\varepsilon'$-$\log f$ 和 $\log\varepsilon''$-$\log f$ 曲线的斜率曲线

电介质的复介电常数与其电导率有以下关系[45]：

$$\varepsilon'(f)=\frac{\sigma''(f)}{2\pi f\varepsilon_0} \qquad (4\text{-}15)$$

$$\varepsilon''(f)=\frac{\sigma'(f)}{2\pi f\varepsilon_0} \qquad (4\text{-}16)$$

式中，f 为频率；ε_0 为真空的介电常数；$\sigma'(\omega)$ 为电导率的实部；$\sigma''(\omega)$ 为电导率的虚部。因此，根据式(4-15)和式(4-16)，可以获得如图 4-18 和图 4-19 所示的对数 $\log\sigma'$ -$\log f$ 和 $\log\sigma''$ -$\log f$ 曲线。

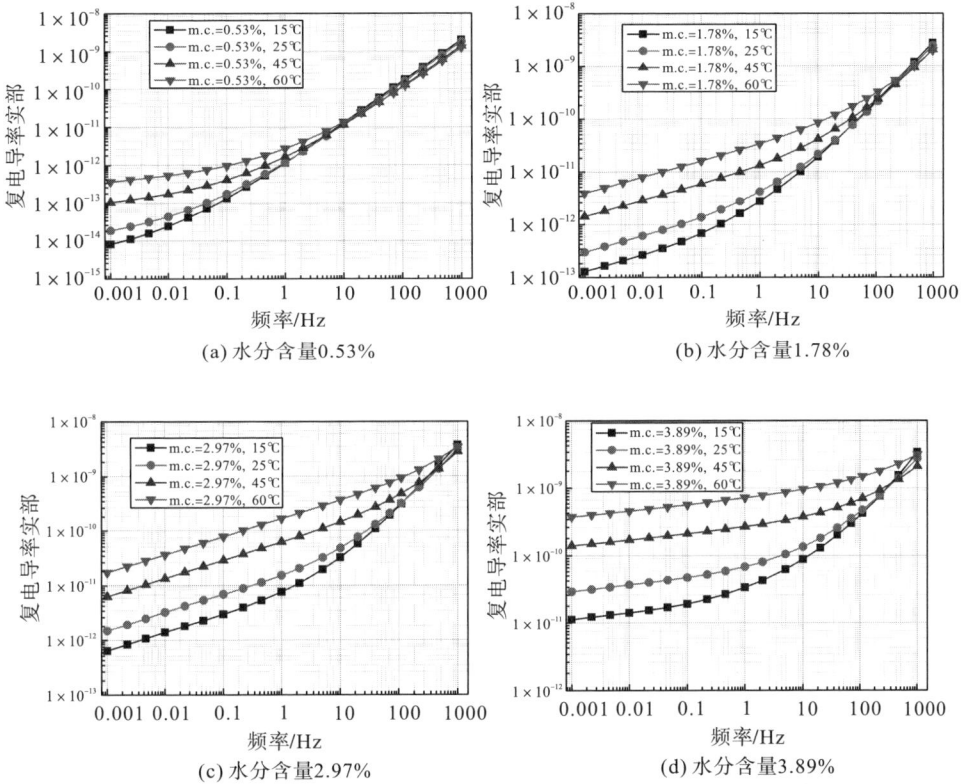

(a) 水分含量0.53%

(b) 水分含量1.78%

(c) 水分含量2.97%

(d) 水分含量3.89%

图 4-18　不同温度下油纸绝缘试样电导率实部

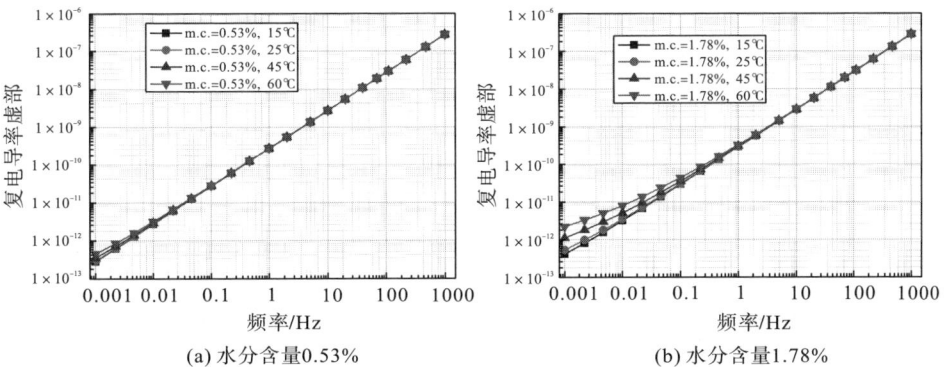

(a) 水分含量0.53%

(b) 水分含量1.78%

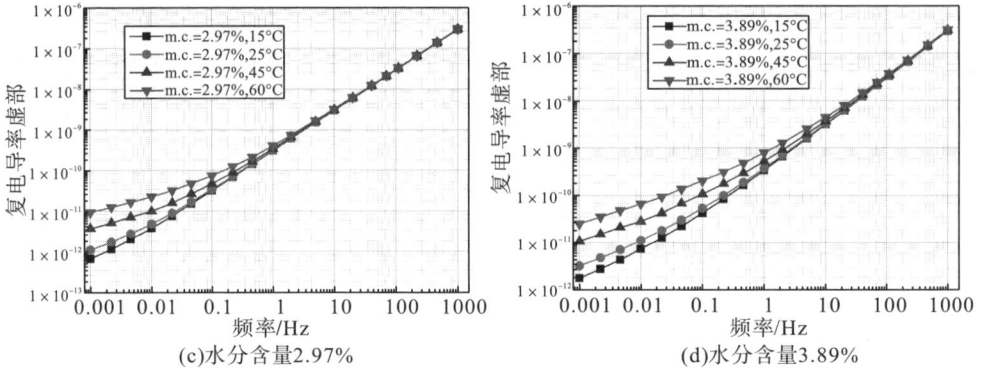

(c)水分含量2.97%　　　　　　　　　　(d)水分含量3.89%

图 4-19　不同温度下油纸绝缘试样电导率虚部

沿着 $\log f$ 轴，介电参数的曲线随着试验温度的升高而向高频方向移动，这种效果是由于随着温度升高，牵引变压器内绝缘介电响应弛豫过程被加速，即弛豫时间减小，弛豫时间可以表示如下：

$$\tau(T) = \tau_0 \exp\frac{\Delta E(\tau)}{kT} \tag{4-17}$$

式中，τ_0 为前指数因子；k 为玻尔兹曼常数且为 8.617×10^{-5} eV/K；T 为温度，K；$\Delta E(\tau)$ 为弛豫过程的活化能，为 0.981eV[40]。针对绝缘电介质，其弛豫时间与频率具有以下关系[45]：

$$f(T) \times \tau(T) = f(T_{ref}) \times \tau(T_{ref}) \tag{4-18}$$

式中，T_{ref} 为参考温度。方程式(4-18)表示当针对试验温度 T，在参考温度 T_{ref} 处总是存在频率点 $f(T_{ref})$ 与试验温度 T 下的测试频点 $f(T)$ 相对应，则根据式(4-18)可以得到计算 $f(T_{ref})$ 的方程：

$$f(T_{ref}) = f(T)\exp\left[\frac{\Delta E(\tau)}{kT} - \frac{\Delta E(\tau)}{kT_{ref}}\right] \tag{4-19}$$

因此，根据式(4-19)，可以得到沿 $\log f$ 轴的平移方程：

$$\sigma'[T_{ref}, f(T_{ref})] = \sigma'[T, f(T)]\Bigg|_{f(T_{ref})=f(T)\exp\left[\frac{\Delta E(\tau)}{kT} - \frac{\Delta E(\tau)}{kT_{ref}}\right]} \tag{4-20}$$

$$\sigma''[T_{ref}, f(T_{ref})] = \sigma''[T, f(T)]\Bigg|_{f(T_{ref})=f(T)\exp\left[\frac{\Delta E(\tau)}{kT} - \frac{\Delta E(\tau)}{kT_{ref}}\right]} \tag{4-21}$$

图 4-20 和图 4-21 为 $\log\varepsilon'$ -$\log f$ 和 $\log\varepsilon''$ -$\log f$ 曲线沿着 $\log f$ 轴平移后的结果，图中，参考温度设置为 15℃。如图 4-20 和图 4-21 所示，在沿着 $\log f$ 轴平移之后，平移的 $\log\varepsilon'$ -$\log f$ 和 $\log\varepsilon''$ -$\log f$ 曲线与 $\log f$ 轴方向的参考曲线一致，即曲线的斜率一致。

电导率随温度的变化关系如下：

$$\sigma(f,T)=\sigma_0(f)\exp\left[-\frac{\Delta E(\sigma)}{kT}\right] \tag{4-22}$$

式中，$\sigma_0(f)$ 为与频率有关的前指数因子；$\Delta E(\sigma)$ 为电导过程的活化能且等于 1.029eV[40]。则根据等式(4-22)，可以得到沿垂直轴平移 $\log\varepsilon'$-$\log f$ 和 $\log\varepsilon''$-$\log f$ 曲线的方程式：

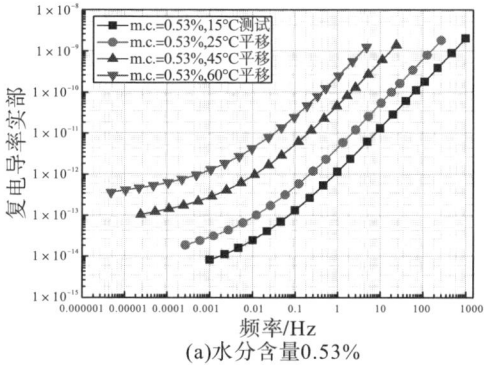

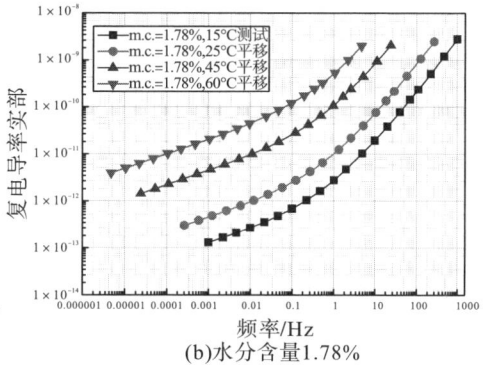

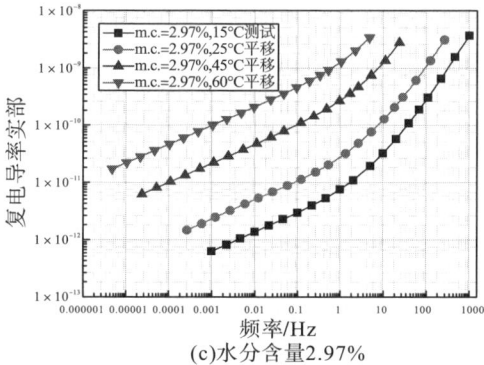

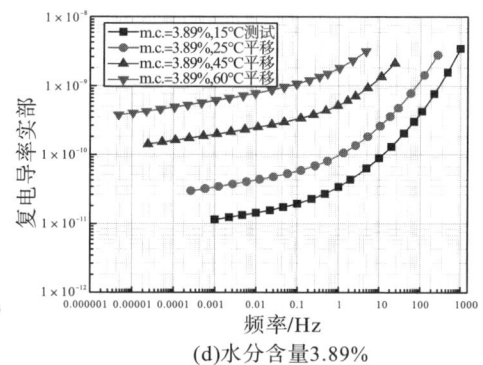

(a)水分含量0.53%　　(b)水分含量1.78%

(c)水分含量2.97%　　(d)水分含量3.89%

图 4-20　不同温度下油纸绝缘试样电导率实部沿 $\log f$ 轴平移结果

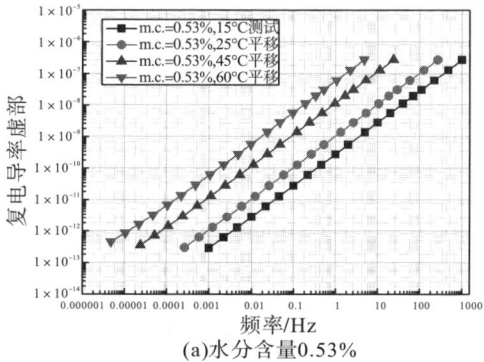

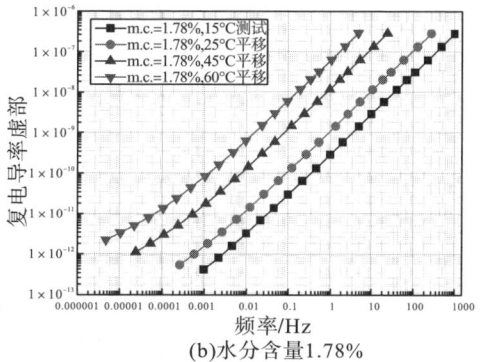

(a)水分含量0.53%　　(b)水分含量1.78%

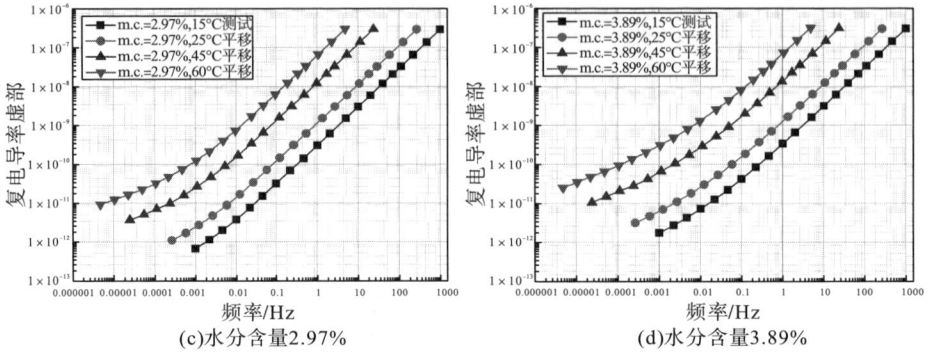

(c)水分含量2.97%　　　　　　　　　　(d)水分含量3.89%

图4-21　不同温度下油纸绝缘试样电导率虚部沿 $\log f$ 轴平移结果

$$\sigma'(f_{\text{ref}},T_{\text{ref}}) = \sigma'(f_{\text{ref}},T)\exp\left[\frac{\Delta E(\sigma)}{kT}-\frac{\Delta E(\sigma)}{kT_{\text{ref}}}\right] \tag{4-23}$$

$$\sigma''(f_{\text{ref}},T_{\text{ref}}) = \sigma''(f_{\text{ref}},T)\exp\left[\frac{\Delta E(\sigma)}{kT}-\frac{\Delta E(\sigma)}{kT_{\text{ref}}}\right] \tag{4-24}$$

图 4-22 为 $\log\varepsilon'$-$\log f$ 和 $\log\varepsilon''$-$\log f$ 曲线沿垂直轴平移后的结果。如图 4-22 所示，在沿着垂直轴平移之后，平移的 $\log\varepsilon'$-$\log f$ 和 $\log\varepsilon''$-$\log f$ 曲线与垂直轴方向的参考曲线一致。在沿着水平轴和垂直轴平移之后，在其他温度下测试的结果可以转化为参考温度，将等式(4-20)、式(4-21)、式(4-23)和式(4-24)组合起来，可以得到将 $\log\varepsilon'$-$\log f$ 和 $\log\varepsilon''$-$\log f$ 曲线转换为参考温度的通用方程：

$$\sigma'(f_{\text{ref}},T_{\text{ref}}) = \sigma'(f_{\text{ref}},T)\exp\left[\frac{\Delta E(\sigma)}{kT}-\frac{\Delta E(\sigma)}{kT_{\text{ref}}}\right]\bigg| f(T_{\text{ref}})=f(T)\exp\left[\frac{\Delta E(\tau)}{kT}-\frac{\Delta E(\tau)}{kT_{\text{ref}}}\right] \tag{4-25}$$

$$\sigma''(f_{\text{ref}},T_{\text{ref}}) = \sigma''(f_{\text{ref}},T)\exp\left[\frac{\Delta E(\sigma)}{kT}-\frac{\Delta E(\sigma)}{kT_{\text{ref}}}\right]\bigg| f(T_{\text{ref}})=f(T)\exp\left[\frac{\Delta E(\tau)}{kT}-\frac{\Delta E(\tau)}{kT_{\text{ref}}}\right] \tag{4-26}$$

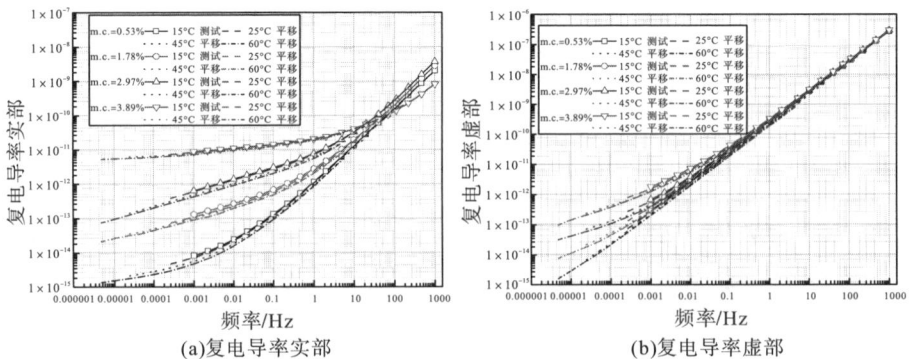

(a)复电导率实部　　　　　　　　　　(b)复电导率虚部

图 4-22　不同温度下油纸绝缘试样电导率沿垂直轴平移结果

最后，根据等式(4-15)和式(4-16)，可以得到如图 4-23 所示归算后的 $\log\varepsilon'$-$\log f$ 和 $\log\varepsilon''$-$\log f$ 曲线，图 4-23 中的平移和测量结果的比较显示提出的方法是合理可行的。

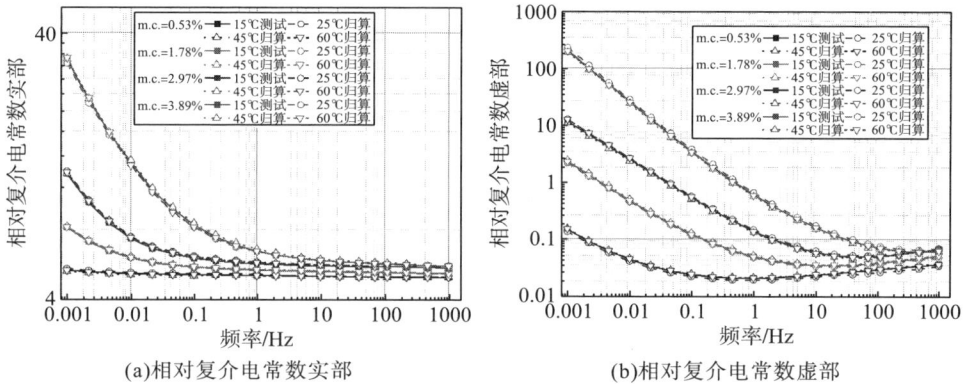

(a)相对复介电常数实部　　　　　　　　　(b)相对复介电常数虚部

图 4-23　不同温度下油纸绝缘试样相对复介电常数归算结果

4.3　牵引变压器绝缘状态综合评估系统

4.3.1　多分类最小二乘支持向量机

近年来，人工智能算法逐渐成为故障诊断的重要组成部分，如神经网络、K 近邻、支持向量机等。与其他机器学习算法相比，支持向量机(support vector machine，SVM)能够借助统计学习理论的概念进行理论分析，具有更好的泛化能力，且相同复杂度下要求的试样量较少。此外，支持向量机引入了核函数，能轻松处理高维试样。因而，支持向量机作为一种很有潜力的分类技术用于牵引变压器绝缘缺陷评估。

1. 支持向量机

支持向量机是一种通用学习机器，也是统计学习理论的一种实现方法，能较好地实现结构风险最小化思想，即在保证分类精度的同时，通过降低学习机器的 VC 维(Vapnik-Chervonenkis dimension)使学习机器在整个试样集上的期望风险得到控制。它通过定义核函数，巧妙地在原空间利用核函数取代高维特征空间中的内积计算，即 $K(x_i, x_j)=j(x_i) \cdot j(x_j)$，避免了维数灾难[51]。其具体做法为：通过非线性映射 φ 把试样向量映射到高维特征空间，在空间中维数足够大便可使得原空间数据的像具有线性关系，再在特征空间中构造线性最优决策函数，如图 4-24 所示。

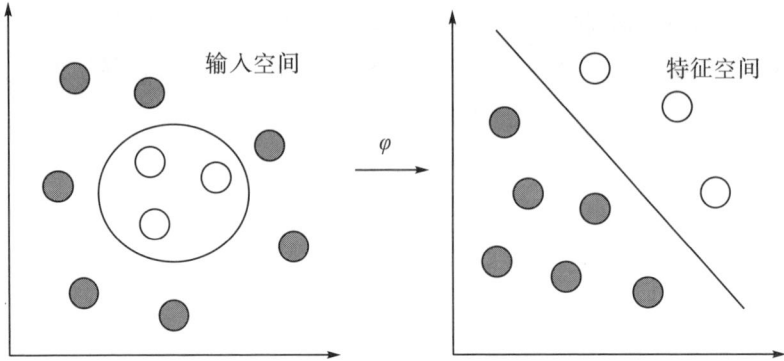

图 4-24　支持向量机算法示意图

在描述算法具体实现步骤前，需要了解以下概念：

对一组线性可分试样 $\{(x^1,\ d^1),(x^2,\ d^2),\cdots,(x^p,d^p),\cdots,(x^P,d^P)\}$ 中任一输入试样 x^p 而言，其期望输出 $d^p=\pm1$，分别代表一类类别标识。用于分类的超平面方程为

$$w^{\mathrm{T}}x+b=0 \tag{4-27}$$

式中，x 为输入试样向量；w 为权值向量；b 为偏置量，则

$$w^{\mathrm{T}}x+b>0 \Rightarrow d^p=+1 \tag{4-28}$$

$$w^{\mathrm{T}}x+b<0 \Rightarrow d^p=-1 \tag{4-29}$$

超平面与最近试样点之间的间隔为分离边缘，最优超平面即为使得分离边缘最大的超平面。支持向量机的目标就是寻找最优超平面，确定分离边缘最大时的 w 和 b。最优超平面能提供两类之间最大的分离，因而此时可以取得唯一的权值 w_0 和偏置 b_0。此时，最优超平面方程为

$$w^{\mathrm{T}}x_0+b_0=0 \tag{4-30}$$

支持向量机是一种用于模式分类的向量机，在选择非线性映射 φ 的条件下，该算法具体过程可描述如下。

(1)通过非线性变换 φ 将试样向量映射到高维特征空间；

(2)选择惩罚参数 C，约束条件如下：

$$\sum_{p=1}^{P}\alpha_p d^p=0 \tag{4-31}$$

$$0\leqslant\alpha_p\leqslant C,\ p=1,2,\cdots,P \tag{4-32}$$

求解使目标函数：

$$Q(\alpha)=\sum_{p=1}^{P}\alpha_p-\frac{1}{2}\sum_{p=1}^{P}\sum_{j=1}^{P}\alpha_p\alpha_j d^p d^j \Phi^{\mathrm{T}}(x^p)\Phi(x^j) \tag{4-33}$$

取得最大值时的 α^*，式(4-33)中 Φ 为代价函数；

(3) 计算最优权值:

$$w_0 = \sum_{p=1}^{P} \alpha^* d^p \Phi\left(x^p\right) \tag{4-34}$$

(4) 求分类决策函数:

$$f\left(x\right) = \mathrm{sgn}\left[\sum_{p=1}^{P} \alpha^* d^p \Phi^{\mathrm{T}}\left(x^p\right)\Phi(x) + b_0\right] \tag{4-35}$$

根据 $f(x)$ 的输出结果为 $+1$ 或 -1,决定 x 的类别归属。

支持向量机可以采用不同的核函数构造实现输入空间不同类型的非线性决策面。目前,常用的核函数主要有多项式核函数、径向基核函数、多层感知器等。

1) 多项式核函数

采用多项式核函数:

$$K\left(x, x_i\right) = \left[\left(x, x_i\right) + 1\right]^d \tag{4-36}$$

所得决策函数为 d 阶多项式分类器:

$$f\left(x\right) = \mathrm{sgn}\left[\sum_{i=1}^{l} y_i a_i \left(x_i \cdot x + 1\right)^d + b\right] \tag{4-37}$$

采用该函数的支持向量机是一个 d 阶多项式分类器,其中 d 为由用户决定的参数。

2) 径向基核函数

经典的径向基核函数构造的决策函数如下:

$$f\left(x\right) = \mathrm{sgn}\left(\sum_{i=1}^{l} a_i k_\gamma \left|x - x_i\right| + b\right) \tag{4-38}$$

式中,$k_\gamma |x-x_i|$ 取决于两个向量之间的距离 $|x-x_i|$。对于任何 γ 值,函数 $k_\gamma |x-x_i|$ 是一个非负单调函数。当训练试样数趋于无穷大时,单调函数趋向于零,最通用的判定规则是高斯函数:

$$k_\gamma \left|x - x_i\right| = \exp\left(-\frac{\left|x - x_i\right|^2}{\sigma^2}\right) \tag{4-39}$$

为构造式(4-38)的决策函数必须估计以下参数值:参数 γ 的值、中心点 x_i 的数目 N、描述中心点向量 x_i、参数 α_i 的值。与传统径向基函数方法的重要区别是每个基函数中心点对应一个支持向量,中心点本身和输出权值都是由 SVM 算法自动确定的。

3) 多层感知器

支持向量机采用 Sigmoid 核函数作为内积,此时就生成了单隐层感知器神经网络,隐层节点数目由算法自动确定。满足 Mercer 条件的 Sigmoid 核函数为

$$K\left(x_i, x_j\right) = \tanh\left(\gamma x_i^{\mathrm{T}} x_j - \theta\right) \tag{4-40}$$

若能选择一个内积核函数 $K(x, x_i)$，则可避免进行非线性变换，此时用支持向量机进行求解的学习算法如下：

(1) 准备一组训练试样 $[(x^1,d^1),(x^2,d^2),\cdots,(x^p,d^p),\cdots,(x^P,d^P)]$。

(2) 在约束条件 $\sum\limits_{p=1}^{P}\alpha_p d^p = 0, 0 \leqslant \alpha_p \leqslant C$（或 $\alpha_p \geqslant 0$）下，求解使目标函数

$$Q(\alpha) = \sum_{p=1}^{P}\alpha_p - \frac{1}{2}\sum_{p=1}^{P}\sum_{j=1}^{P}\alpha_p\alpha_j d^p d^j K\left(x^p, x^j\right) \tag{4-41}$$

最大化的 α_{op} 可以看作 $P \times P$ 对称矩阵 K 的第 p、j 项元素，其中 $K(x^p,x^j)$（$p,j=1, 2,\cdots,P$）。

(3) 计算最优权值：

$$w_0 = \sum_{p=1}^{P}\alpha_{0p}d^p Y^p \tag{4-42}$$

式中，Y 为隐层输出向量。

(4) 对于待分类模式 x，计算分类判别函数：

$$f(x) = \text{sgn}\left[\sum_{p=1}^{P}\alpha_{0p}d^p K(x^p, x) + b_0\right] \tag{4-43}$$

根据 $f(x)$ 为 1 或-1，决定 x 的类别归属。上述支持向量机只能解决二分类问题，需要将其推广到多分类情况。

2. 多分类最小二乘支持向量机模型

1) 分类模型

本节考虑一个由 N 个数据点组成的二类训练数据集 $\{x_i,y_i\}_{i=1}^{l}$，x_i 是第 i 个实值输入向量，y_i 是 x_i 的对应类，取值为+1 或-1。最优超平面应满足以下条件：

$$\begin{cases} w^{\mathrm{T}}x_i + b \geqslant 1, & y_i = 1 \\ w^{\mathrm{T}}x_i + b \leqslant -1, & y_i = -1 \end{cases} \tag{4-44}$$

式中，w 为法向量；b 为偏移量，则分类决策函数为

$$f(x_i) = \text{sgn}\left(w^{\mathrm{T}}x_i + b\right) \tag{4-45}$$

通过求解优化函数 $\phi_{\min}(w,e)$ 可表示最小二乘支持向量机 (least squares-support vector machine，LS-SVM) 的非线性分类模型：

$$\phi_{\min}(w,e_i) = \frac{1}{2}\|w\|^2 + \frac{1}{2}A\sum_{i=1}^{l}e_i^2 \tag{4-46}$$

式中，A 为正则化因子；e_i ($i=1,2,\cdots,l$) 为误差变量。由于存在一定的误分类率，最小二乘试样和最大分类区间都将受到影响。

式 (4-45) 需要满足如下等式约束：

$$y_i\left[w^{\mathrm{T}}\varphi(x_i)+b\right]=1-e_i \tag{4-47}$$

式中，$\varphi(x_i)$ 为非线性映射到更高或潜在无限维的特征空间。

接着，构造拉格朗日函数：

$$L(w,b,e_i,a_i)=\frac{1}{2}\|w^2\|+\frac{1}{2}A\sum_{i=1}^{l}e_i^2-\sum_{i=1}^{l}a_i\left\{y_i\left[w^{\mathrm{T}}\varphi(x_i)+b\right]-1+e_i\right\} \tag{4-48}$$

式中，$a_i(i=1,2,\cdots,l)$ 为拉格朗日乘子。

以下方程组给出了最优解的条件：

$$\begin{cases} \dfrac{\partial L(w,b,e_i,a_i)}{\partial w}=0\Rightarrow w=\sum_{i=1}^{l}a_iy_i\varphi(x_i)\\[3mm] \dfrac{\partial L(w,b,e_i,a_i)}{\partial b}=0\Rightarrow 0=\sum_{i=1}^{l}a_iy_i\\[3mm] \dfrac{\partial L(w,b,e_i,a_i)}{\partial e_i}=0\Rightarrow a_i=Ae_i\\[3mm] \dfrac{\partial L(w,b,e_i,a_i)}{\partial a_i}=0\Rightarrow y_i\left[w^{\mathrm{T}}\varphi(x_i)+b\right]-1+e_i=0 \end{cases} \tag{4-49}$$

由式(4-42)和式(4-43)可得

$$\begin{bmatrix} 0 & y^{\mathrm{T}}\\ y & \Omega+A^{-1}I \end{bmatrix}\begin{bmatrix} b\\ a \end{bmatrix}=\begin{bmatrix} 0\\ I_1 \end{bmatrix} \tag{4-50}$$

式中，$y^{\mathrm{T}}=[y_1,\cdots,y_l]$；$I_l=[1,\cdots,1]^{\mathrm{T}}$；$a=[a_1,\cdots,a_l]^{\mathrm{T}}$；$\Omega=y_iy_j\varphi^{\mathrm{T}}(x_i)\varphi(x_j)=y_iy_jK(x_i,x_j)$（$j=1,2,\cdots,l$）。

则 LS-SVM 的分类决策函数为

$$f(x)=\mathrm{sgn}\left[\sum_{i=1}^{l}a_iy_iK(x,x_i)+b\right] \tag{4-51}$$

式中，x 为试样。核函数为预先设定好的，当试样确定时，它必须是一个正定矩阵且满足 Mercer 定理。

2) 多分类方法

标准的 LS-SVM 是一个二分类器，因此需要将二分类器扩展到多类分类器。考虑到 $y_i\in\{1,2,\cdots,K_0\}$，则利用多分类 LS-SVM 算法找到一个决策函数 $f(x)$，将试样中的点划分为 K_0 类。

实现多分类的方法主要有以下两种：

(1)一次考虑所有类，然后一步解决多分类问题；

(2)将多分类问题分解为若干较小的二分类问题。

使用第一种方法的计算代价比第二种方法更高。因此，本研究选择第二种方法。通过将含有 K_0 类的多分类问题重新构造为一组 n 个二分类问题来解决多分类问题。关于每个类 $C_k(k=1, 2, \cdots, K_0)$，设定一个独特的编码 $c_k=[y_{k_1}, \cdots, y_{k_n}, \cdots, y_{k_{N_m}}]$，其中，每个二分类器在对应的输出位 y_{k_n} 之间进行区分。

$$N_m = \lceil \log_2 K_0 \rceil \tag{4-52}$$

式 (4-52) 表示所建分类器数量应大于等于 $\log_2 K_0$ 的最小整数。

3. 布谷鸟搜索算法 (Cuckoo search algorithm，CSA)

CSA 给出了三个理想规则[52]：①布谷鸟一次只产一颗蛋，并把它随机地放在鸟巢里；②随机选择的一组鸟巢中，最好的鸟巢将会被保留到下一代；③有效的宿主鸟巢数是固定的，布谷鸟产的蛋被宿主鸟发现的概率为 $p_a \in (0,1)$。CSA 包含以下两个主要步骤：

(1) 基于过去的信息生成新的解决方案 (宿主鸟巢)，然后用新的解决方案替换旧的解决方案。

(2) 发现布谷鸟蛋并随机选择新鸟巢。Lévy 飞行概率分布被证明可描述这些步长，步长方向是随机的和各向同性的。

Lévy 飞行概率分布的表达式如下：

$$\text{Lévy} \sim u = t^{-\lambda}, \quad 1 < \lambda \leq 3 \tag{4-53}$$

式中，t 为迭代次数。为了生成随机飞行次数，需要生成一个步长，该步长需要服从给定的 Lévy 飞行概率分布和随机方向。步长可由式 (4-54) 计算：

$$\mu = \frac{u}{|v|^{\frac{1}{\chi}}} \tag{4-54}$$

式中，χ 为常数；u 和 v 都服从正态分布：

$$\mu \sim N\left(0, \sigma_u^2\right), \ v \sim N\left(0, \sigma_v^2\right) \tag{4-55}$$

$$\sigma_u = \left\{ \frac{\Gamma(1+\theta)\sin(\pi\theta/2)}{\Gamma\left[\dfrac{(1+\theta)2^{(\theta-1)/(2\theta)}}{2}\right]} \right\}^{\frac{1}{\theta}}, \ \sigma_v = 1 \tag{4-56}$$

式中，$\Gamma(z)$ 为伽马函数：

$$\Gamma(z) = \int_0^\infty t^{z-1} \mathrm{e}^{-t} \, \mathrm{d}t \tag{4-57}$$

第 h 个宿主鸟巢迭代时第 d 维的位置更新为

$$X_h^d(t+1) = X_h^d(t) + c_1 \mu \left[X_h^d(t) - \text{bnest}^d \right] r \tag{4-58}$$

式中，r 为服从标准正态分布的随机数；c_1 为步长系数，值为 0.01；而 bnest^d 为第 d 维中全局最佳鸟巢的位置。宿主鸟巢中的每个布谷鸟蛋都可以被它的宿主鸟以

概率 p_a 找到。当发现布谷鸟蛋时，宿主鸟将在旧鸟巢附近建立一个新鸟巢。两个鸟巢之间的距离可以表示为

$$X_h^d(t){=}X_h^d(t){+}r_1\left[X_i^d(t)-X_j^d(t)\right] \tag{4-59}$$

使用式(4-58)和式(4-59)更新鸟巢的位置，为了使鸟巢在一个解空间内，约束如下：

$$X_h^d(t)=\begin{cases}X_{min}^d, & X_h^d>X_{min}^d\\X_{max}^d, & X_h^d<X_{max}^d\\X_h^d(t), & 其他\end{cases} \tag{4-60}$$

式中， x_{min}^d 和 x_{max}^d 分别为解空间中第 d 维的最小值和最大值。

4.3.2　评估方法及系统

牵引变压器是牵引供电系统的心脏，是电气化铁路中最关键和最昂贵的供电设备。牵引负荷随机性强、线路环境各异，因此牵引变压器真实使用寿命与设计预期往往差异巨大。不少处于恶劣环境中的变压器绝缘劣化严重，极大地影响了其运行安全与可靠性，同时一些低负荷变压器绝缘状态仍良好就强行进行更换，造成巨大的经济损失。既有绝缘状态测评方法必须吊芯取样，难以方便、快捷、无损地实现，而频域介电谱测试与传统测试方法相比具有测试过程无损、受噪声干扰程度小、所需试验电压低、携带信息丰富的优点。因此，本节基于频域介电谱测试结果提出一种能够无损评估牵引变压器绝缘状态的方法，有效区分老化缺陷和受潮缺陷，具体流程如下：

(1)基于频域介电谱测试获得特征参数，并根据输入参量、输出参量个数以及网络的要求确定最小二乘支持向量机模型的结构。

本研究共进行 640 组测试，其中 480 组作为训练试样，剩余的 160 组作为测试试样，比例为 3:1，试样绝缘状态进行以下具体划分。

热老化状态依据聚合度(DP)划分为 4 种。

① 未老化：DP>900；

② 轻微老化：600<DP≤900；

③ 明显老化：400<DP≤600；

④ 严重老化：DP≤400。

受潮状态依据水分含量(m.c.)划分为 4 种。

① 未受潮：m.c.≤1%；

② 轻微受潮：1%< m.c.≤2%；

③ 明显受潮：2%< m.c.≤4%；

④ 严重受潮：m.c.>4%。

(2)无量纲指标的计算。

ε 和 β 本身就是无量纲指标，因此只需要对 τ 和 σ_{DC} 进行如下无量纲处理：

$$\begin{cases} \overline{\tau}_i = \dfrac{\tau_i - \tau_0}{\tau_0}, & i=1,2,\cdots,n \\ \overline{\sigma}_{DC\_i} = \dfrac{\sigma_{DC\_i} - \sigma_{DC\_0}}{\sigma_{DC\_0}}, & i=1,2,\cdots,n \end{cases} \tag{4-61}$$

式中，τ_0=1512.8 为参考弛豫时间；σ_{DC_0}=7.22×10^{-11} 为参考直流电导率。

(3)利用 CSA 优化多分类 LS-SVM 模型参数。

高斯径向基核函数可使多分类 LS-SVM 具有更优的性能和泛化能力，其表达形式为

$$K\left(x_i, x_j\right) = \exp\left(-\frac{\left\|x_i - x_j\right\|^2}{\sigma^2}\right) \tag{4-62}$$

式中，σ 为核参数，决定了试样数据分布的复杂性。

在实际应用中，基于高斯径向基核函数的多分类 LS-SVM 模型中参数 A 和 σ 应该被优化，这主要是因为这两个参数对多分类 LS-SVM 性能有显著影响。在本书中，基于交叉验证采用 CSA 优化多分类 LS-SVM 模型参数 A 和 σ，具体步骤如下：

① 收集并准备多分类 LS-SVM 模型的学习试样；

② 设置参数 A 和 σ 的范围，并设置参数 $x_{\min}^d$、$x_{\max}^d$ 和迭代值；

③ 设置 p_a 的值为 0.25，生成 n 个宿主鸟巢的随机初始种群 $x_i(i=1,2,\cdots,n)$，且每个鸟巢对应一组参数(A、σ)，计算每个宿主鸟巢的适应度 F_i；

④ 以最佳的适应度值为宿主鸟巢的最佳解；

⑤ 利用 Lévy 飞行方程得到一个布谷鸟蛋(新解)，并计算其适应度 F_j；

⑥ 检查是否满足 $F_j > F_i$，若是，则用 x_j 替换解 x_i，用 F_j 替换 F_i；

⑦ 若不是，则放弃一个较差鸟巢的概率指数 p_a，使用 Lévy 飞行在新的地点创建新的鸟巢；

⑧ 保存鸟巢中具有更好适应度值的解(布谷鸟蛋)；

⑨ 通过对当前最好解进行排序来确定最优解；

⑩ 重复步骤⑤～步骤⑨，直到结果满足收敛条件或满足终止条件。

(4)对多分类 LS-SVM 模型进行训练。

(5)用训练好的多分类 LS-SVM 模型进行缺陷诊断以验证模型的正确性。

(6)显示训练结果。

本评估系统的具体流程如图 4-25 所示。

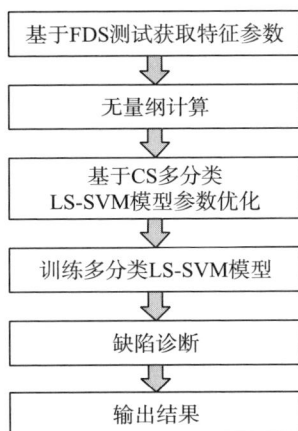

图 4-25　牵引变压器绝缘状态无损评估系统流程图

在本研究中，基于建立好的多分类 LS-SVM 模型，分别采用了 3 种优化算法对模型主要参数 A 和 σ 进行优化，3 种优化算法的适应度曲线如图4-26所示。

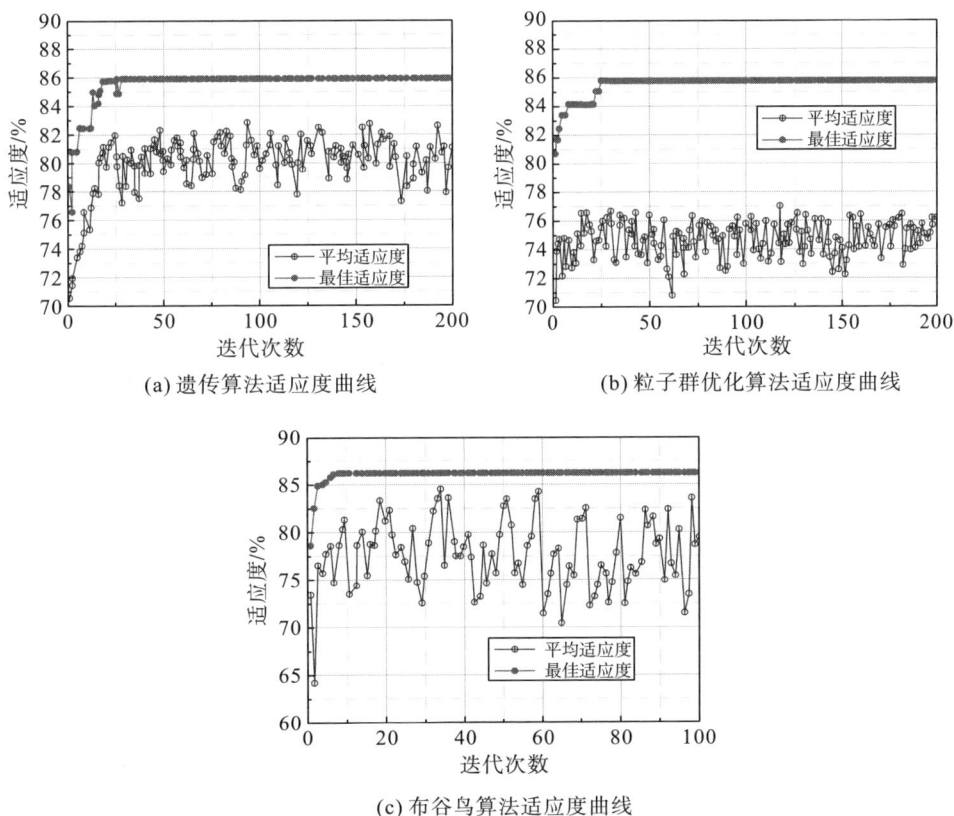

(a) 遗传算法适应度曲线

(b) 粒子群优化算法适应度曲线

(c) 布谷鸟算法适应度曲线

图 4-26　各优化算法适应度曲线

由图4-26可知，与遗传算法和粒子群优化算法相比，布谷鸟算法优化过程收敛速度最快且适应度最高，因而选取布谷鸟算法作为多分类 LS-SVM 模型的优化算法。布谷鸟算法对模型参数 A 和 σ 的具体优化过程如图4-27所示。

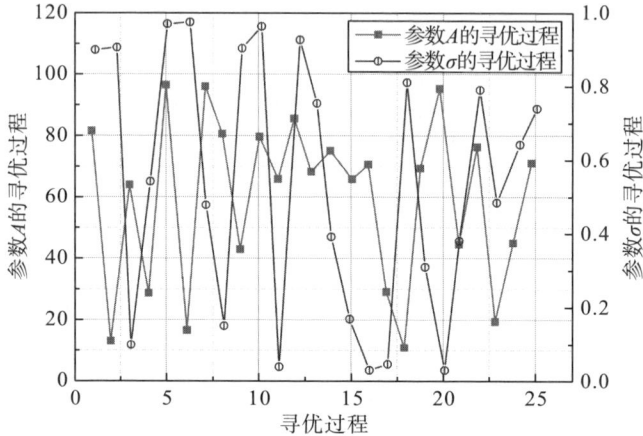

图 4-27   布谷鸟算法优化过程图

在参数优化完成后，选用480组训练试样对多分类 LS-SVM 模型进行训练，然后用训练好的模型对剩余的160组测试试样进行测试，图4-28展示了训练试样和测试试样的诊断结果，480组训练试样中只有7个试样分类错误，准确率为98.5%；160个测试试样中只有6个试样分类错误，准确率为96.25%。

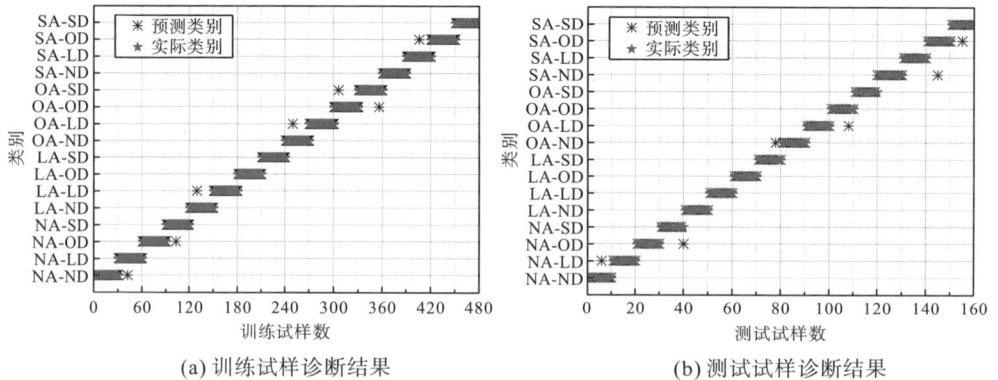

(a) 训练试样诊断结果   (b) 测试试样诊断结果

图 4-28   模型诊断结果

上述试验结果表明，提出的布谷鸟算法优化的多分类 LS-SVM 模型能够无损评估牵引变压器绝缘状态。

4.3.3　系统软件开发

1. 软件总体框架

牵引变压器绝缘状态评估软件是基于 LabVIEW 软件和 MATLAB 软件混合编程进行开发的，并以 Microsoft Office Access 软件作为后台数据库进行数据的存储与调用。本软件可实现以下功能，具体流程图如图 4-29 所示。

(1) 初始化，将软件所有的输入及输出结果恢复至默认状态。

(2) 测试文件读取与分析，首先完成套管的频域介电谱测试，导出测试文本文件，将文本文件读取为数组。

(3) 介电常数计算与修正，测试文件的数据为复电容，需要将其转换为介电常数，由于介电常数是与温度相关的，为了对套管的受潮状态进行评估，将介电常数均修正至参考温度以消除温度对评估的影响。

(4) 牵引变压器绝缘状态评估，根据介电响应原理，针对对应的介电常数，提取特征参量，评估牵引变压器的绝缘状态。

(5) 生成报表及保存文本，将分析计算所得的结果以 Excel 形式生成报表并输出结果，同时亦可生成文本文档或者存入数据库。

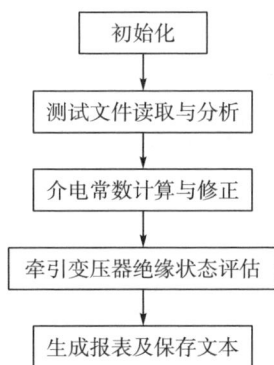

图 4-29　软件流程图

本系统软件的设计分为两大部分：第 1 部分为牵引变压器绝缘状态评估软件，主要完成测试数据文件的读取、测试信息的采集、曲线的绘制以及变压器套管的水分含量和受潮状态的计算与显示；第 2 部分为数据库系统，主要是对测试信息进行数据库的插入、查询等，了解套管测试的历史状态，全面、细致、有效地对牵引变压器绝缘状态进行评估。软件总体框架图如图 4-30 所示。

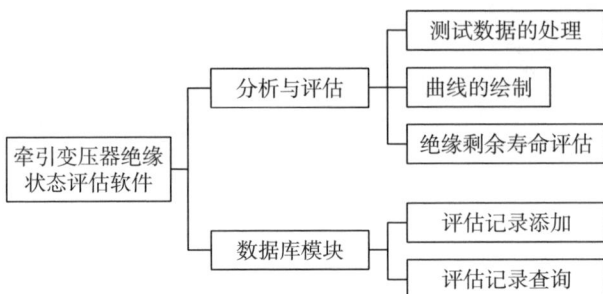

图 4-30　软件总体框架图

　　通过 NI LabVIEW 的强大功能，以及软件和硬件相结合，实现对牵引变压器绝缘状态的准确评估，NI LabVIEW 中自带的字符串处理功能以及与 LabSQL 结合为数据处理提供了很大的便利。

　　2. 软件系统界面及操作说明

　　系统界面即系统的软件界面，就是指软件中面向操作者而专门设计的用于操作使用及反馈信息的指令部分。软件界面设计应具有易用性、规范性和合理性。

　　本系统软件基于 LabVIEW 强大的图形环境和可视化编程平台，通过在计算机上建立图形化的软件虚拟面板，以替代常规的传统的测试仪器实体面板，该界面同时具有与实际仪器相似的旋钮、按键以及其他相关控件，具有简便、易操作的特点，软件评估界面如图 4-31 所示。

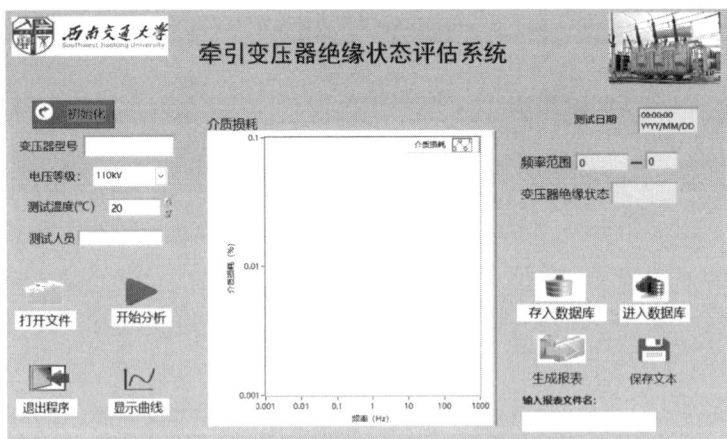

图 4-31　软件评估界面

　　在系统主界面的左边一栏有对测试软件进行控制的一系列按钮，可以通过这些按钮对软件进行控制。

单击"打开文件"按钮后，选取测试文件，软件评估界面右边将显示系统当前测试日期和频率范围；左边填入变压器型号、电压等级、测试温度和测试人员信息后，单击"开始分析"按钮后，软件将对测试文件进行分析，得出变压器绝缘状态；单击"显示曲线"按钮后，中间位置将显示测试曲线；分析完成后，单击"存入数据库"按钮，分析的相关信息将存入数据库；输入报表文件名，单击"生成报表"按钮，分析的相关信息将生成 Excel 报表；单击"保存文本"按钮，分析的相关信息将以文本文件形式保存；最后，单击"退出程序"按钮即可退出程序，也可单击"进入数据库"按钮，进入数据库界面；单击"初始化"按钮，变压器型号、测试人员、介质损耗曲线、报表文件名以及所有的分析结果将恢复至默认值。单击"退出程序"按钮即可关闭程序。

主界面主要分为绝缘状态评估、数据库两个版块，在绝缘状态评估版块中，输入相关信息，可以对套管频域介电谱测试结果进行分析，得出变压器的绝缘状态，并根据得到的数据绘制成波形图显示测试曲线，测试的相关信息可以将得到的数据存储至报表、文本和数据库中。

数据库模块可以显示所有分析记录信息，并且可以根据变压器型号、电压等级、测试人员和测试日期对数据进行查询，如图 4-32 所示。

图 4-32　数据库模块

该软件由测试面板、数据库面板以及波形回放面板组成，而在控制面板中可以选择这三个面板。

测试面板的主要功能是控制下位机，完成自动化测试过程。在串口通信窗口中，通过选择串口后会单击"打开串口"按钮来实现上位机与下位机的通信，然后单击"开始测试"按钮，测试将自动进行，当数据采集得合适时，可以单击"采集结束"按钮结束数据采集过程，这时测试过程将结束，在测试完成后单击"复位"按钮将测试的数据置零；在测试状态窗口中，可以看到测试正在进行的状态，分别有充电过程、放电过程以及数据采集过程；在测试参数窗口中，可以选择测试的充电时间、放电时间、采集数据的时间、测试变压器的容量以及增益倍数，可以选择默认值，即充电时间 500s、放电时间 250s，在测试时会自动显示计时；在测试环境窗口中，可以输入测试的环境与湿度以保存至数据库；在采集数据的过程中，数据会以波形的形式显示在波形图表中，在测试结束后，会将回复电压参数以及变压器的绝缘状态显示在测试数据窗口中，并且输入变压器名称后单击"保存数据至数据库"按钮将测试的数据存入数据库中。

在软件的数据库界面中，单击"查找"按钮，可以调用 Access 数据库，将数据库中保存的回复电压参数以及测试参数在数据库表格中显示出来；单击"查找"按钮后会弹出对话框选择要查询的变压器名称，然后显示该变压器的历史数据，方便观察；单击"查找"按钮后会弹出对话框选择要修改的参数以及要修改的测试序号和修改后的值，可以修改的参数有测试的温度、湿度以及变压器名称；若要删除某一组测试的数据，则先输入该组的测试序号，然后单击"删除数据"按钮即可删除。软件数据库界面如图 4-33 所示。

(a) 数据库时间设置界面

(b) 数据库数据存储界面

图 4-33　软件数据库界面

　　软件的波形回放面板功能是实现测试过的数据进行回放，如图 4-34 所示，可以通过使用外部文件(TXT 或 Excel)进行操作，也可以通过数据库本身保存的数据进行回放，在界面中可以进行选择。若使用外部文件进行波形回放，则需要输入要调用文件的路径，然后单击"波形回放"按钮进行操作，回放的波形会在波形图表中显示，界面如图 4-34(a)所示；若使用数据库进行波形回放，则先要选择要回放的波形数量，最多可回放 4 个波形，然后输入要回放波形的测试序号，单击"波形回放"按钮即可进行操作，波形会以不同的颜色在波形图表中显示，方便观察与对比。在调用数据完毕之后，单击"复位"按钮可以将数据清零。

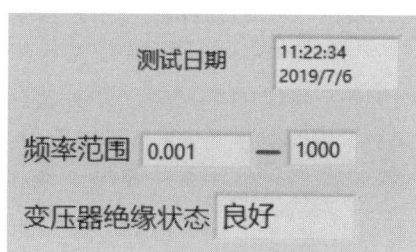

(a) 软件波形回放模块界面

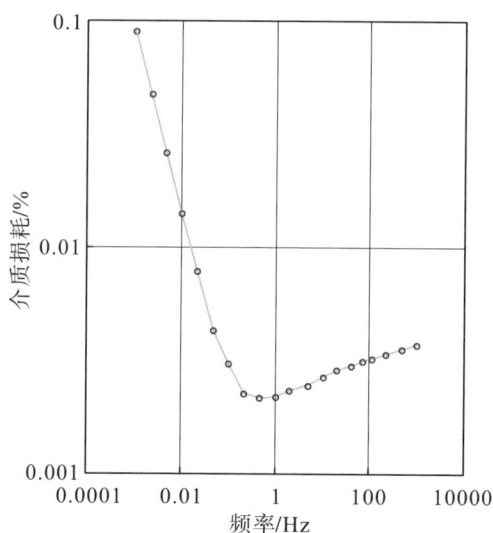

(b) 波形图

图 4-34　软件波形回放面板

4.4 本章小结

牵引变压器油纸绝缘的不均匀热老化问题突出,为了能够更好地利用频域介电谱法对牵引变压器油纸绝缘状态进行诊断评估,本章针对绝缘纸不均匀热老化对油纸绝缘频域介电响应的影响进行了研究,主要结论如下:

(1)绝缘纸不均匀热老化造成的水分分布不均匀是影响频域介电响应测试结果的最主要因素,绝缘纸纤维素结构的不均匀分布对频域介电谱的影响可以忽略,热老化产物的不均匀分布对频域介电谱的作用效果远小于水分的作用效果,而不均匀热老化绝缘纸的老化分布顺序不影响测试结果。

(2)水分分布不均匀导致频域介电响应测试结果与热老化最严重部分的介电参数有较大区别,其原因可能为水分的不均匀分布使绝缘纸各部分在电场作用下的偶极子转向极化作用不同,并且使得离子数目(浓度)不同,进而导致各部分的电导、微观界面极化、宏观电极极化作用效果不同,直接导致各部分的介电性能不同。

(3)频域介电响应测试结果不能有效地反映热老化最严重部分的绝缘状态,评估得到的水分含量始终高于不均匀热老化分布绝缘纸的平均水分含量。

油浸式套管是大型变压器重要的附属装置,起到将高低压引线从变压器内部引出的作用,实现变压器与外部电气网络的连接以及引线对变压器外壳的绝缘,油浸式套管内绝缘为绝缘纸与铝箔电容屏交替包绕卷制的电容芯子,其内绝缘受潮将会严重影响套管及变压器的运行安全,本章针对油浸式套管内绝缘水分含量评估进行了研究,首先制作了不同水分含量的 72.5kV 油浸套管样品,然后在 15℃ 下对各样品进行了频域介电响应的测试,基于测试结果分析并改进了 Havriliak-Negami 方程,进而基于修正的 Havriliak-Negami 方程提取了与水分含量相关的特征参量,得到了 15℃ 下油浸式套管水分含量评估的方法,为了将提出的水分评估方法适用于现场工程,本章进一步考虑了温度对测试结果的影响,基于在不同温度下油浸套管样品的频域介电谱测试结果及其相关分析,提出了一种消除温度的方法,最后提出并验证了一种基于频域介电谱法的适用于现场的油浸式套管内绝缘水分含量评估系统。本章所提出的评估方法主要针对稳态条件下的实物套管,能够有效地评估稳态条件下油浸式套管的受潮状态,然而根据工程需求,还需要进一步研究暂态条件下的评估方法,如考虑时变温度的影响、水分不均匀分布的影响等。

第 5 章　案例及应用

为了验证研究成果的有效性，本章通过现场测试牵引变压器主绝缘及其附属高压套管的应用实例，使用开发的软件系统进行诊断评估，检验不同牵引变压器及其附属高压套管在现场环境下介电响应测试仪的测试数据、软件评估系统能否可靠运行并输出有效结果。

5.1　牵引变压器主绝缘

1. 测试对象

油浸式牵引变压器(型号：S2-QY-20000/110；额定容量：20000kVA；接线方式：YN $\bar{\text{v}}$)。其绕组连接方式和套管位置示意图如图 5-1 所示。

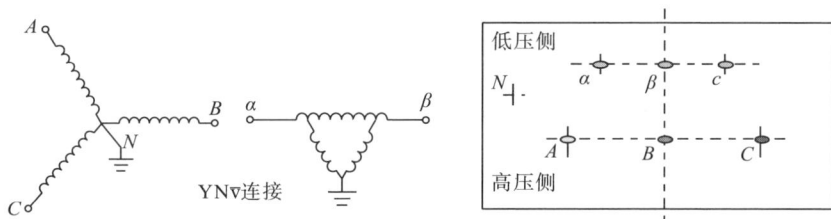

图 5-1　绕组连接方式和套管位置示意图

2. 测试内容

(1)现场油浸式牵引变压器在实时温度下的频域介电谱曲线。

(2)根据现场测试结果，使用牵引变压器绝缘状态评估系统对测试对象进行诊断。

3. 测试所需条件

(1)硬件条件：介电响应测试仪、外加升压设备(幅值为 2000V)、接地线。

(2)软件条件：Microsoft Office Access 2013 及其以上版本，NI LabVIEW2014 及其以上版本。

4. 测试接线

介电响应试验接线图如图 5-2 所示。介电响应测试高压端三相套管出线端处用铜裸导线短接测量设备高压端，低压端两相套管出线端处用铜裸导线短接测量端，测量屏蔽线可靠接地。

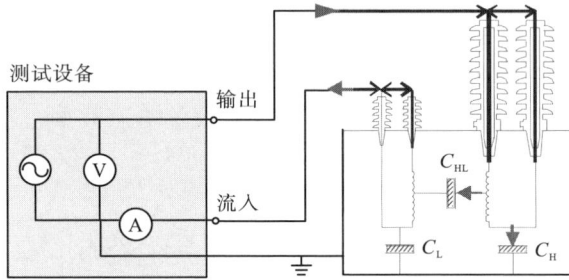

图 5-2　介电响应试验接线图

5. 现场测试步骤

(1) 主变离线断电，拆除高、低压侧引线，离线测试，消除工频干扰，如图 5-3 所示；

(2) 将牵引变压器套管高压侧、低压侧分别短接，并预留出短接引出线；

(3) 连接介电响应测试仪；

(4) 介电响应测试仪高压输出线连接至牵引变压器套管高压侧短接后的引出线，介电响应测试仪信号输入线连接在牵引变压器套管低压侧引出线，接地线可靠接地后加持在变压器接地端子上；

(5) 打开介电响应测试仪配套的测试软件，设置测试对象、测试频率范围、最大测试电压、测试环境温度和测试日期等参数，开始进行 FDS 测试，测试频率范围 1mHz～1kHz 时测试周期大概为 35min，测试频率范围 10mHz～1kHz 时测试周期大概为 17min，测试结束后导出测试数据并关闭介电响应测试仪和外加升压设备；

(6) 将测试数据导入牵引变压器绝缘状态评估系统软件，得出牵引变压器绝缘状态评估结果。

本案例中对重庆供电段某牵引变电所内牵引变压器进行测试，图 5-3 为重庆小南海高、低压引线拆除过程。

如图 5-4 所示，本案例中对重庆某牵引变电所牵引变压器进行测试，介电响应测试仪测试结果如图 5-5 所示，牵引变压器绝缘状态评估系统界面如图 5-6 所示。

图 5-3　重庆小南海高、低压引线拆除过程

图 5-4　重庆某牵引变电所牵引变压器现场测试

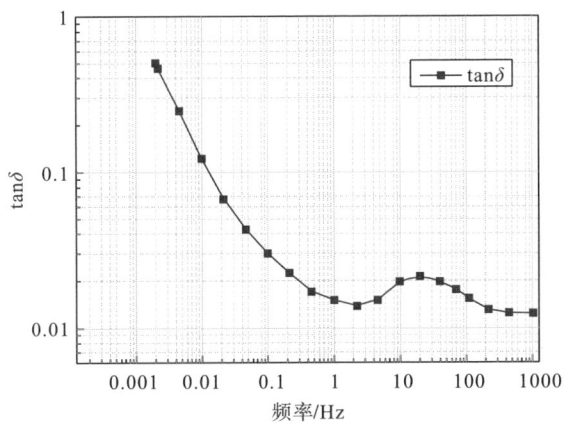

(a) 介质损耗

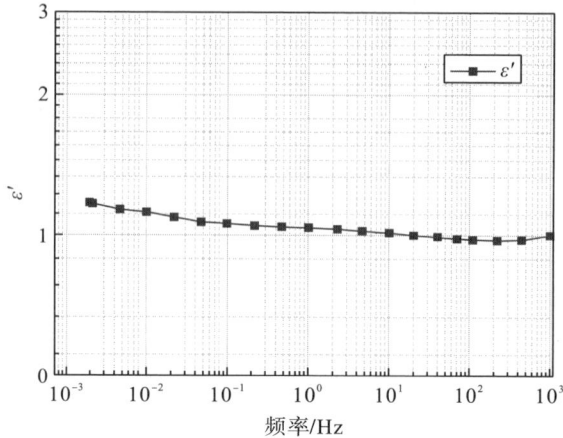

(b) 复介电常数实部

图 5-5　现场测试曲线

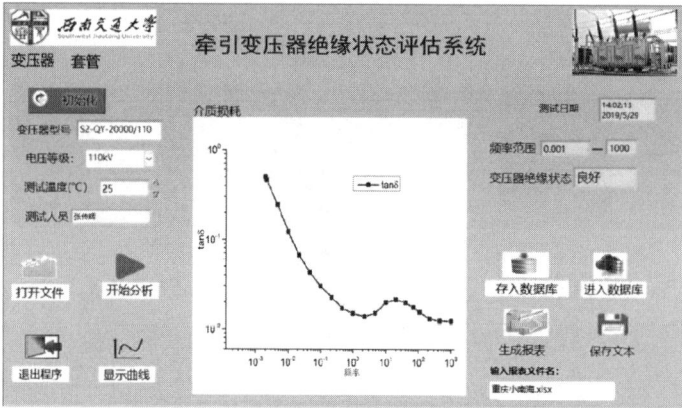

图 5-6　重庆小南海牵引变压器绝缘状态评估系统界面

　　牵引变压器测试温度为 25℃，施加电压的幅值设定为 1400V。进行相关介电参数测试，将测试曲线导入牵引变压器绝缘状态评估系统中，系统给出评估结果为良好，从结果来看，本书所提出的方法对于牵引变压器现场应用是有效和可行的。

5.2　牵引变压器附属高压套管

1. 测试对象

　　牵引变压器附属高压套管为油浸式纸绝缘，结构主要由均压球、下瓷套、安装法兰、测量端子、电容末屏、上瓷套、油枕和接线端子等构成，如图 5-7 所示。

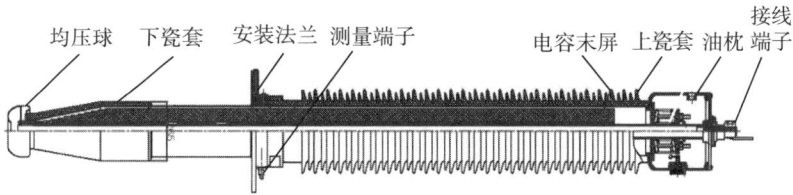

图 5-7　牵引变压器高压套管结构

2. 测试内容

(1)现场牵引变压器附属高压套管在实时温度下的频域介电谱曲线。

(2)根据现场测试结果，使用牵引变压器绝缘状态评估系统对测试对象进行诊断。

3. 测试所需条件

(1)硬件条件：介电响应测试仪、外加升压设备(幅值为 2000V)、接地线。

(2)软件条件：Microsoft Office Access 2013 及其以上版本、NI LabVIEW2014 及其以上版本。

4. 现场套管测试步骤

(1)主变离线断电，拆除高、中、低压侧引线，离线测试，消除工频及外部设备干扰；

(2)法兰盘与导线杆两端短接，放出残余电荷；

(3)连接介电响应测试仪；

(4)介电响应测试仪高压输出线连接至套管出线端，介电响应测试仪信号输入线连接在套管末屏端子上，接地线可靠接地后加持在法兰盘上；

(5)打开介电响应测试仪配套的测试软件，设置测试对象、测试频率范围、最大测试电压、测试环境温度和测试日期等参数，开始进行 FDS 测试，测试频率范围 1mHz～1kHz 时，测试周期大概 35min，测试频率范围 10mHz～1kHz 时，测试周期大概 17min，测试结束后导出测试数据并关闭介电响应测试仪和外加升压设备；

(6)将测试数据导入牵引变压器绝缘状态评估系统软件，得出套管的绝缘状态评估结果，套管介电响应试验接线图如图 5-8 所示。

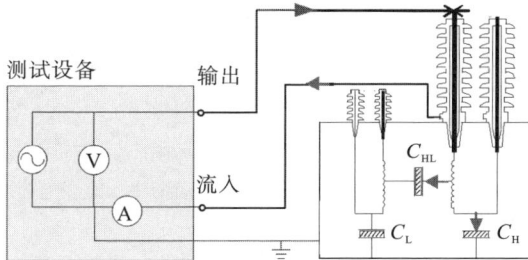

图 5-8　套管介电响应试验接线图

5. 案例 1

如图 5-9 所示，本案例中对某套管生产厂中的两支油浸式套管进行测试，两个油浸式油套管试样的详细信息见表 5-1。

(a) 试样A   (b) 试样B

图 5-9　某套管生产厂现场测试图

表 5-1　被测套管信息

试样	试样 A	试样 B
电压等级/kV	220	500
产品状态	新的待售	返厂检修

试样 A 的频域介电谱是在 5℃下测试的，施加电压的幅值设定为 800V。试样 B 的频域介电谱在 25℃下测试，施加电压的幅值也设定为 800V。图 5-10 为试样 A 和试样 B 的测试结果，将结果归算至参考温度 15℃并测评得到试样 A 和试样 B 的水分含量，如表 5-2 所示。将计算得到的套管试样水分含量与厂家给出的结果进行比较，比较结果表明所提出的方法对于现场应用是有效和可行的。

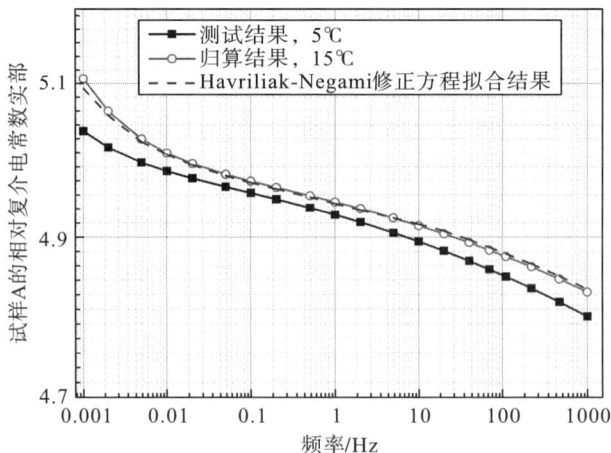

(a) 试样A的相对复介电常数实部

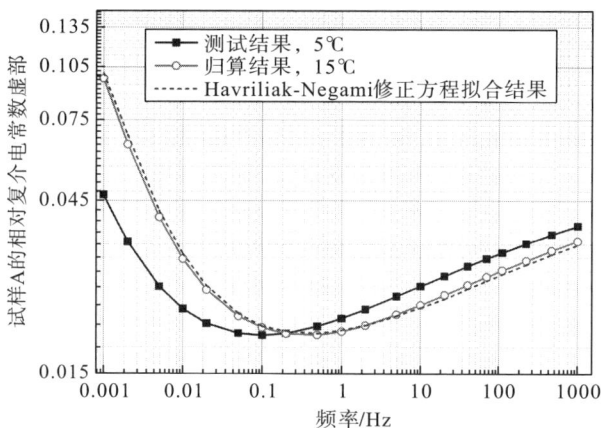

(b) 试样A的相对复介电常数虚部

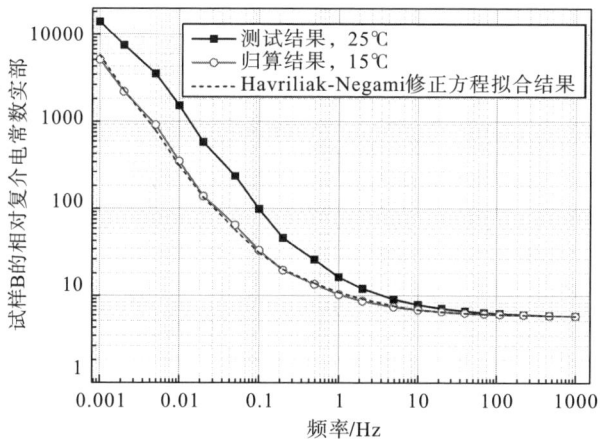

(c) 试样B的相对复介电常数实部

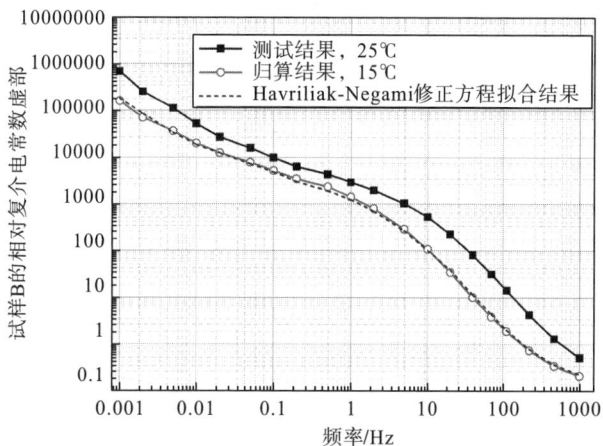

(d) 试样B的相对复介电常数虚部

图 5-10 某套管厂样品测试结果

表 5-2　　套管样品水分含量　　　　　　　　　　（单位：%）

试样	水分计算值	水分厂家值	相对误差
A	0.41	0.43	-4.7
B	8.83	8.61	2.5

6. 案例 2

案例 2 被测试样为云南某变电站 220kV 主变套管，该主变套管于 2015 年 11 月出厂，2016 年投运，绝缘状态处于运行初期，变电站检修报告表明其绝缘状况良好，处于干燥状态。现场变压器离线后，绝缘油温为 24℃，现场测试图如图 5-11 所示，现场 220kV 油浸式套管频域介电谱实测与修正至 15℃后的曲线如图 5-12 所示。

图 5-11　220kV 主变套管现场测试图

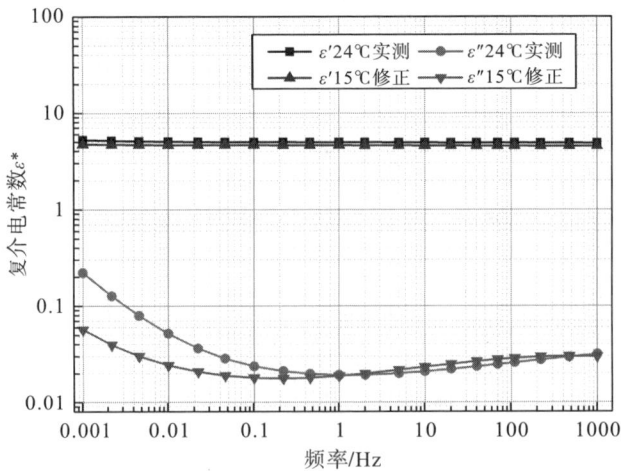

图 5-12　220kV 主变套管测试结果

图 5-13 为 220kV 主变套管评估结果，表 5-3 给出了试样的修正 Havriliak-Negami
方程的特征参数与相应的水分含量评估结果，测评得到该套管水分含量为 0.46%，
结果与试样的运行状态相吻合，可以判定基于频域介电谱的油浸式套管绝缘状态
评估方法应用于工程现场时效果良好。

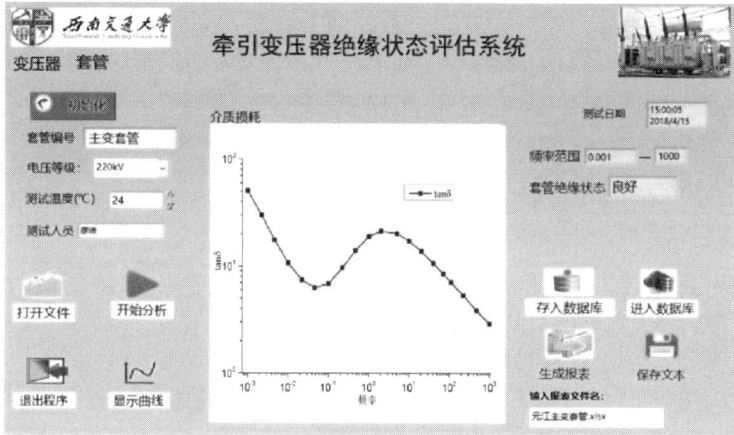

图 5-13　220kV 主变套管评估结果

表 5-3　套管试样 Havriliak-Negami 方程拟合参数值与水分含量计算值

参数	$\Delta\varepsilon$	β	τ/s	σ_{DC}/(s/m)
数值	1.07	0.33	978.54	1.97×10^{-11}
水分含量	0.46%			

参 考 文 献

[1] 何吉成. 从数据看中国电气化铁路的发展进程. 上海铁道科技，2011，（2）：112-113.

[2] 贺威俊，高仕斌，张淑琴，等. 电力牵引供变电技术. 成都：西南交通大学出版社，1998.

[3] 谭秀炳. 交流电气化铁道牵引供电系统. 成都：西南交通大学出版社，2009.

[4] 李带，安琪，王华. 高速动车组概论. 成都：西南交通大学出版社，2008.

[5] 李群湛，贺建闽. 牵引供电系统分析. 成都：西南交通大学出版社，2007.

[6] 倪雪松. 基于动态阈值的牵引变压器故障诊断技术研究. 成都：西南交通大学，2016.

[7] 李帅兵. 基于大数据分析的牵引变压器绝缘老化特征提取与状态诊断研究. 成都：西南交通大学，2018.

[8] 赵静月. 变压器制造工艺. 北京：中国电力出版社，2009.

[9] 尹克宁. 变压器设计原理. 北京：中国电力出版社，2003.

[10] 董明，刘媛，任明，等. 水分含量与分布对油纸绝缘频域介电谱影响的有限元仿真与研究. 高电压技术，2014，40(11)：3403-3410.

[11] Muthanna K T，Sarkar A，Das K，et al. Transformer insulation life assessment. IEEE Transactions on Power Delivery，2006，21(1)：150-156.

[12] 文华，马志钦，王耀龙，等. 变压器油纸绝缘频域介电谱特性的 XY 模型仿真及试验研究. 高电压技术，2012，38(8)：1956-1964.

[13] 杨丽君. 变压器油纸绝缘老化特征量与寿命评估方法研究. 重庆：重庆大学，2009.

[14] 廖瑞金，杨丽君，郑含博，等. 电力变压器油纸绝缘热老化研究综述. 电工技术学报，2012，27(5):1-12.

[15] 刘君. 变压器油纸复合绝缘电介质频率响应研究. 成都：西南交通大学，2012.

[16] 周利军. 牵引变压器温升与微水扩散特性的研究及其状态预测. 成都：西南交通大学，2007.

[17] Verma P，Roy M，Verma A，et al. Assessment of degradation of transformer insulation paper by SEM and X-RD techniques. Proceedings of the 2004 IEEE International Conference on Solid Dielectrice，2004.

[18] Emsley A M，Heywood R J，Xiao X，et al. Degradation of cellulosic insulation in power transformers. Part 3：Effects of oxygen and water on ageing in oil. IEE Proceedings-Science，Measurement and Technology，2000，147(3)：115-119.

[19] Badicu L V，Gorgan B，Dumitran L M，et al. Assessment of transformer mineral oil conditon based on DC and AC conductivity. IEEE Transactions on Dielectrics and Electrical Insulation，2012，19(5)：1544-1551.

[20] Saha T K. Review of modern diagnostic techniques for assessing insulation condition in aged transformers. IEEE Transactions on Dielectrics and Electrical Insulation, 2003，10(5)：903-917.

[21] 孙才新，陈根伟，李俭，等. 电气设备油中气体在线监测与故障诊断技术. 北京：科学出版社，2003.

[22] 蔡金锭，王少芳.粗糙集理论在 IEC-60599 三比值故障诊断决策规则中的应用. 中国电机工程学报，2005，25(11)：134-139.

[23] 王林,周利军,李先浪,等.应用极化/去极化电流法分析油纸绝缘微水扩散暂态过程.高电压技术,2013,39(2): 354-359.

[24] 唐盼,尹毅,吴建东,等.基于去极化电流法的变压器油纸绝缘状态.电工电能新技术,2012,31(4):39-42,47.

[25] Morais D R, Rolim J G. A hybrid tool for detection of incipient faults in transformers based on the dissolved gas analysis of insulating oil. IEEE Transactions on Power Delivery, 2006, (2): 673-680.

[26] 吴广宁.电气设备状态监测的理论与实践.北京:清华大学出版社,2005.

[27] 范华,杨文彪.牵引变电设备维修制度改革的思考.中国铁路,2005,(1):59-60.

[28] 江修波,黄彦婕,张涛.变压器油纸绝缘水分的回复电压分析法.高电压技术,2010,36(12):2984-2989.

[29] 周利军,李先浪,王晓剑,等.基于回复电压曲线的油纸绝缘状态评估.高电压技术,2014,40(2):489-496.

[30] Zhou Y, Hao M, Chen G, et al. Study of the dielectric response in mineral oil using frequency-domain measurement. Journal of Applied Physics, 2014, 115(12): 124105.

[31] Hadjadj Y, Meghnefi F, Fofana I, et al. On the feasibility of using poles computed from frequency domain spectroscopy to assess oil impregnated paper insulation conditions. Energies, 2013, 6(4): 2204-2220.

[32] Scaife B K P. Principles of Dielectric. Oxford: Oxford University Press, 1989.

[33] Luo X, Chen Z, Gao J, et al. Dielectric response methods for diagnostics of power transformers. IEEE Electrical Insulation Magazine, 2003, 19(3): 12-18.

[34] Zaengl W S. Applications of dielectric spectroscopy in time and frequency domain for HV power equipment. IEEE Electrical Insulation Magazine, 2003, 19(6): 9-22.

[35] Zaengl W S. Dielectric spectroscopy in time and frequency domain for HV power equipment. I. Theoretical considerations. IEEE Electrical Insulation Magazine, 2003, 19(5): 5-19.

[36] 雷清泉,刘关宇.如何理解工程电介质中极化与电导两个基本物理过程及其测量的科学原理与方法.中国电机工程学报,2018,38(23):6769-6789,7113.

[37] 董明,刘媛,任明,等.油纸绝缘频域介电谱特征参数提取及绝缘状态相关性研究.中国电机工程学报,2015,35(23):6246-6253.

[38] 孙目珍.电介质物理基础.广州:华南理工大学出版社,2010.

[39] Bhumiwat S, Lowe S, Nething P, et al. Performance of oil and paper in transformers based on IEC 61620 and dielectric response techniques. IEEE Electrical Insulation Magazine, 2010, 26(3): 16-23.

[40] 王东阳.高铁牵引变压器绝缘的介电频谱研究及应用.成都:西南交通大学,2018.

[41] 王东阳,周利军,陈雪骄,等.变压器油纸绝缘系统低频介电参数方程.电工技术学报,2017,32(17):218-224.

[42] Alj A, Denat J P, Gosse B. Creation of charge carriers in nonpolar liquids. IEEE Transactions on Electrical Inslation, 1985, 20(2): 221-231.

[43] Jonscher A K. Universal Relaxation Law. London: Chelsea Dielectric Press, 1996.

[44] 殷之文.电介质物理学.2版.北京:科学出版社,2003.

[45] Oommen T V, Arnold L N. Cellulose insulation materials evaluated by degree of polymerization measurements IEEE Proceedings of the Electronics Insulation Conference(EIC), 1981.

[46] 王东阳,周利军,朱少波,等.不同温度油隙频域介电谱的归算方法.中国电机工程学报,2016,36(23):

6586-6592，6627.

[47] 周利军，汤浩，张血琴，等.油纸绝缘微水扩散的暂态分布模型.中国电机工程学报，2008，28(7)：134-140.

[48] 周利军，汤浩，吴广宁，等.油纸绝缘微水扩散的稳态分布.高电压技术，2007，33(8)：27-30.

[49] 周利军，李先浪，段宗超，等.纤维素老化对油纸绝缘水分扩散特性的影响机制.中国电机工程学报，2014，34(21)：3541-3547.

[50] Jonscher A K. Dielectric Relaxation in Solids. London：Chelsea Dielectrics Press，1996.

[51] Torgovnikov G I. Dielectric Properties of Wood-Based Materials. Berlin：Springer，1993.

[52] Yang X S，Deb S. Cuckoo search via levy flights. 2009 World Congress on Nature & Biologically Inspired Computing，2009.